# 敗戦復興の千年史

天智天皇と
昭和天皇

山本直人

展転社

目次

# 敗戦復興の千年史——天智天皇と昭和天皇

## 第三章　運命の白村江



## 第四章　幻の湖都・大津宮



## 第五章　国土防衛の礎



## 第六章　近江荒都と壬申争乱

カバーデザイン　古村奈々＋Zapping Studio
カバー写真提供　近江神宮

# 序説　日本人が忘れたもう一つの敗戦

## 昭和天皇の世紀

「戦後七十年」とよばれた平成二十七年は、同時に「昭和九十年」でもあつた。「元禄」であれば泰平、「天保」といへば改革と、同じ江戸時代でも年号によつて或る一定のイメージを描くことができる。同様に「明治」なら「文明開化」、「大正」なら「デモクラシー」と、近代史においても、我々は年号から或る特定の文化、印象を読み取ることができる。

一口に「昭和」といつても、戦前の戦争のイメージと戦後の高度成長期とでは、まるで別の国の出来事の様に大きな隔たりがある。憲法改正から農地改革、財閥解体、国語改革に至るまで、現代のあらゆる体制の原点、諸問題は、すべて敗戦以降に遡ることができるからだ。諸外国であれば、まさに「革命」といふほかない。しかしその間、各国で君主制が廃止され、日本でも革命幻想が繰り返される中、天皇は六十余年に及ぶ在位期間を記録してゐる。その事実は、現代史の奇蹟として語り継ぐ価値がある。

西暦でいへば、一九〇一年から八九年までの昭和天皇の時代は、まさに「戦争と革命の世紀」とよばれた二十世紀の世界史に附合する。天皇の足跡をたどることで、私どもはそのまま日本の現代史を振り返ることができるのだ。

しかし歴史的な断絶にも関らず、この様な長期にわたる在位期間を達成されたことから、その生涯に対して、様々な〝誤解〟が一人歩きしてゐることも事実である。大礼服に身を固め、厳しい表情で白馬に跨る〝御真影〟と、背広姿にソフト帽子で、国民に親しく手を振られる「人間天皇」の映像は、とても同一人物のものとは思へない。しかしながら、かうした落差こそ、昭和天皇が断絶された世紀の中での一貫した〝象徴〟であられたことを大いに物語つてゐる。

すでに平成の御代も二十九年となり、『昭和天皇実録』をはじめ、その足跡に光を当てた現代史は数多く出版されてゐる。私自身は、すでにこの年号の末端に生まれて、「昭和」の残影をわづかに呼吸した世代にすぎない。しかしながら、敗戦といふ一つの転換期を基点として、改めて〝天皇の昭和史〟が我々に投げかけた遺産を、現代に問ひ直す必要を感じてゐる。

## 大東亜戦争と白村江の戦

先の戦争での日本の敗戦、多くの犠牲者を出したこの出来事は、日本史のみならず世界史上においても、いかに未曽有の事件だつたか、考へることに異存のある人は少ないだらう。しかしながら、日本の歴史上、未曽有の敗戦は、実は千三百年以上もの古代においても存在した。――白村江の戦である。

白村江の戦といふと、一般的にはどう認識されてゐるだらうか。もちろん歴史の教科書でも取り上げられてゐるだらうが、おそらくどの出版社もたつた一行か、もしくは長くても数行程度で紹介されるのが現状なのではあるまいか。あくまで大化改新、壬申の乱といった数ある歴史事項の中の一場面に過ぎず、況んや、果してこの戦に現代どれだけ意義があるのか。相当の歴史好きでもない限り、振り返られる機会は稀といつていいかもしれない。

ところが、敗戦から一年後の昭和二十一年八月十四日、首相、閣僚たちを召されたお茶会で、昭和天皇は次の様なことをお話しされてゐる。

「終戦記念日にあたって、私はかつて（大正九年の春）大宰府を訪れたときに聞かされた、あの有名な白村江戦の故事を思い出した。あのときは百済の再興を援助するべく、日本軍が出勤したが、唐と新羅との連合軍に完敗してしまった。そのあとで、当時の天智天皇がおとりになった国内整備の経綸を、文化国家建設の方策として偲びたい。」（中尾裕次編『昭和天皇発言記録集成』芙蓉書房出版、平成十五年）

「あの有名な……」とあるのだが、おそらく「白村江戦」と仰せられても、お茶会の出席者は、実は知らない人の方が大部分を占めてゐたのではなからうか。なぜなら戦前の国定教科書において、天智天皇時代の百済への救援派兵についてはは触れてはゐるが、白村江の戦での敗戦について直接言及した記述は見られないからだ。

そして「当時の天智天皇がおとりになった国内整備の経綸」についてである。天智天皇の政治改革といへば、真つ先に想ひ浮ぶのが、中大兄皇子時代の大化改新である。

当時、皇室にとつて代らうとした蘇我氏を皇子親らが倒し、王権の復興に導いたこの事変は現在〝乙巳の変〟と呼ばれてゐる。そして、その後唐風の急進的な中央集権国家をめざしたこの改革は、しばしば明治維新とも比較されることが多い。しかし、実際に中大兄皇子が本格的に律令国家建設へと着手されるのは、白村江敗戦後、近江の大津宮に遷都し、天智天皇として即位されてからであらう。

この近江遷都についても今尚謎が多い。古代史上、この大津宮が首都だつた時代といふのは、たつた五年程度である。しかも、なぜさらにまた飛鳥の故地に戻らなくてはならなかつたのか。そもそもこれまでの飛鳥周辺から遠く離れた大津の地がなぜ選ばれたのかも、確たる理由が見出せないといふのが実状である。この大津宮の時代に、法律から戸籍・軍制に至るまで、後の律令国家成立の基盤となる様な抜本的な改革が行はれたことになる。もちろん、中大兄皇子時代に大化改新で大きな改革は着手されてはゐたが、全国に浸透したとは言ひ難い。むしろ白村江敗戦後に、さらにその改新では果たせなかつた様な、律令制度を完遂しようとされたのが、天智天皇即位後の近江朝時代といふこともできる。

一方で、大化改新より丁度千三百年後の大東亜戦争敗戦後においても、昭和天皇は新日本建設に関する詔書を出され、その冒頭では、明治維新時の五箇条の御誓文を再提示されてゐる。いはば明治維新の原点に立ち帰ることにより、国民と一体となつて戦後復興にあたられたのだといへよう。

白村江敗戦以来、大津宮で天智天皇が積極的に国内改革を進められたのと同様に、昭和天皇は日本が嘗てない世界規模の大戦の負け戦に直面し、しかも米軍による占領下といつた史上例のない事態にあつて、どうにかこの危機を乗り越えるべく、戦後改革を進めてこられたわけである。もちろん白村江と大東亜戦争とは、当時の国際情勢とともに、それぞれの敗戦復興の進め方一つとつても、大きな相違があるのは否めない。物事を比較検証する場合は、必ず相似点だけではなく相違点を見据ゑなくてはならないのは、改めていふまでもない。さういつたことも念頭に置きながら、本書での〝敗戦復興史〟を進める必要がある。

## 〝現代史〟としての古代史

白村江の戦を大東亜戦争とのアナロジーで捉へる視点自体は、実はさう珍しいことではない。先の大戦の記憶がまだ新しい、戦後十五年ほどを経た昭和三十五年、東京大学出版会から出された坂本太郎の『日本全史2古代史Ⅰ』でも、百済救援の失敗を「日本の歴史を通じての大事件」と位置づけ、「大化改新の歴史が、これによって大きな転回を示したことはもとより、以後の日本歴史を支配した対外消極政策は実にここに胚胎したことを重視しなければならぬ」とまで評してゐる。ここでいはれる「対外消極政策」が、いつ頃までの外交を指すか、必ずしも明確ではない。しかしながら、むしろ「また今次大戦における敗北の経験が決して初めてのものではなく、先蹤がここに存することも、国民の常識として知らなければならぬ」と、自身が生きた時代の昭和の敗戦を念頭に置いて論じてゐる点に留意する必要がある。坂本はすでに戦前の昭和十三年に、その博士論文『大化改新の研究』を至文堂から刊行してゐるが、古代史における国際的な大戦での敗北を実感的に摑むことができたのは、実は第二次世界大戦の敗戦を喫したことが、大きな契機だつたのではなからうか。

戦後三十年ほど経た昭和四十九年に国文研叢書から出された夜久正雄の『白村江の戦―7世紀・東アジアの動乱―』では、百済救援後三十年を経た持統天皇四年に、唐での捕虜、奴隷生活を経て、漸く帰国を果たすことができた大伴部博麻の記事から、「私はそこに白村江の戦没後の時代精神のにほひを嗅いだ。すると、日本古代史における決定的な敗戦であつたこの白村江の戦ひが、同じく敗戦であるといふ点で、大東亜戦争と似てゐるところがあると思はれてきて、何かかう心がひきつけられるのである」と、率直な感慨を隠してゐない。一般向けの史書とはいへ、今日歴史の研究書において、学者がまへがきやあとがき以外で自らの個人的なモチイフを明らかにすることはさうさうないと思はれる。これも偏に当時を知る人にとつて、史上稀に見る総力戦が、個人的な体験を超え、そのまま民族における普遍的な出来事だつたことを示してゐるのかもしれない。

さらに戦後半世紀以上を経て二十世紀となつた平成十三年（二〇〇一）に同時代社から出

された室伏志畔氏の『白村江の戦いと大東亜戦争』では、「白村江の敗戦から新たな日本国という律令国家を立ちあげるに至った歩みは、今次の敗戦後の戦後日本にないダイナミックな政治的激動の嵐を潜るものであった」と、白村江の戦における、大東亜戦争の内にはない「戦争から革命への契機」まで読み抜かうとしてゐる。この著者におけるスタンスの是非や、古代史への認識がどれだけ正確であるかはさておき、古代と昭和の「敗戦後論」を正面から比較した、おそらく初の試みとしては興味をそそる。

最近では「戦後七十年」と呼ばれた平成二十七年（二〇一五）に、中村修也氏が『天智朝と東アジア　唐の支配から律令国家へ』の中で、「七世紀の日本が、近隣の朝鮮三国と関わりながら、唐という大国と戦い、敗北した白村江の戦いは、二十世紀において、アジアを巻き込みながらアメリカという大国と戦い、敗北した第二次大戦と共通する点が見いだせる」といつた問題提起で、大胆な近江朝時代の読み替へを試みてゐる。それらの論に対する個々の疑問については改めて言及したい。

さて、本書のモチイフに直接示唆を得た説を、もう一つ紹介したい。平泉澄の直弟子に当たる歴史学者の田中卓博士の問題意識である。田中博士は皇學館大学の史学科の教授、学長を務められ、古代史が専門である。平成三年に新人物往来社から出された『近江神宮』といふ「神社シリーズ」の一冊の中の座談会「天智天皇の御事蹟と近江神宮」の中で、昭和史と大化改新の時代を比較した非常に興味深い発言がある。

「私は大化の改新、もっと遡れば聖徳太子のことからの流れが、ちょうど明治維新から昭和に至る歴史と非常によく似ていると思うのです。ご承知のように、明治維新の後、近代日本は一応順調に進んでいったのです。ところが昭和天皇の時の大東亜戦争に敗れて大変なことになるのですが、それはちょうど百済救援のあの大戦争です。これは大東亜戦争に匹敵する大戦争だと考えられますが、その大戦争をやって敗れた。そして壬申の乱という不幸な事件を経験した。そのあとを天武天皇をはじめ御歴代並びに国民が一致協力して日本の建て直しをはかって、遂に天平文化の時代をむかえたわけであります。」

ここで田中博士は、聖徳太子の時代を明治と重ね合せ、そして天智天皇の百済救援を昭和の大東亜戦争に見立ててゐる。植民地支配からの解放といふ点をはじめ、小国が強国に追はれて、日本がそれを手助けした面など、その辺りに注目されてゐるのも見逃せない。もちろん確固たる学説として提唱されたわけではなく、今日の歴史学者でこの説を肯定する人はむしろ少数派に違ひない。本書では、古代史と近現代史との比較から、新たな敗戦復興史を見直したいといふ目論見がある。それ故特にかうした実証的な歴史学とは離れた形で、あくまで仮説モデルとして、この説を紹介させて頂いた。

そこで用意したのが次の年表（17頁）である。これも決して学術的な根拠があるわけではないことを、お断りしておく。先ほどの田中博士の問題意識を受けて、飛鳥から白鳳期にかけての古代史と、明治から昭和までの近現代史を並列したものである。もしこの全く異なる時代を比較するのであれば、かうしたことが見えてくるのではないか、といつた一つの仮説を提示したものに過ぎない。もちろんこの年表では、本書のテーマと直接関係のある歴史事象のみ取り上げたものであり、細かく見ると実はかなり異なる部分も多いことを御諒承ただきたい。ただ、この様に大きな流れで俯瞰した場合、意外なところで、これまで見えて来なかつた接点を見出すことができるのではないだらうか。

例へば、本年表では左側が古代史、右側が近現代史を提示してゐる。この全く異なる時代が二つ並列されてゐるわけだが、大きな枠組みでいへば、〝古代と近代における文明開化の発展と衰退過程〟と捉へれば理解しやすいかもしれない。

はたして古代に〝文明開化〟があつたのだらうか。さういつた疑問も当然起こるであらう。しかし、我が国は漢字や儒教をはじめ、神仙思想、仏教伝来、律令制度に至るまで、古代から様々な外来思想を、日本の風土に合せて受け容れてきた経緯がある。それは広い意味で近代における〝文明開化〟に匹敵されるものであらう。

例へば飛鳥時代の場合、仏教伝来以降、新しい大陸文化が受容される。そのあり方をめぐつて、いはゆる古代における文明開化の始まりとともに、それに対する新たな形での反動の

## ［古代≒近代対照年表］

| | 飛　鳥 | 共通項 | | 明　治 |
|---|---|---|---|---|
| 欽明 13（552） | 仏教公伝 | 新文明との衝突 | 嘉永 6（1853） | 黒船来港 |
| 用明 7（587） | 崇仏論争 | 新旧勢力の対立 | 慶應 3（1867） | 戊辰戦争 |
| 推古元（593） | 聖徳太子摂政 | 新体制の出発 | 明治元（1868） | 五箇条の御誓文 |
| 推古 8（600） | 第 1 回遣隋使 | 新文明の吸収 | 明治 4（1871） | 岩倉使節団 |
| 推古 12（604） | 憲法十七条 | 国家指針の確立 | 明治 22（1889） | 大日本帝国憲法 |
| 推古 15（607） | 第 2 回遣隋使<br>「日出づる処の天子」 | 対等外交 | 明治 27（1894） | 日清戦争 |
| 舒明 2（630） | 第 1 回遣唐使 | 国際的地位の確立 | 明治 38（1905） | 日露戦争終結 |
| | 白　鳳 | | | 昭　和 |
| 大化元（645） | 大化の改新 | 旧体制の刷新 | 昭和初年代 | 昭和維新運動 |
| 斉明 4（658） | 阿倍比羅夫の対外遠征 | 対外進出 | 昭和 6（1931） | 満洲事変 |
| | 有間皇子の変 | 体制批判の挫折 | 昭和 11（1936） | 二・二六事件 |
| 天智 2（663） | 白村江敗戦 | 対外戦争の敗北 | 昭和 20（1945） | 大東亜戦争敗戦 |
| 天智 7（668） | 近江令編纂 | 緊急的体制変革 | 昭和 21（1946） | 日本国憲法 |
| 天武元（672） | 壬申の乱 | 保守・革新の抗争 | 昭和 35（1960） | 安保闘争 |
| 朱鳥元（686） | 大津皇子の変 | 新秩序への反逆 | 昭和 45（1970） | 三島由紀夫事件 |
| | ↓ | | | ↓ |
| | 天　平　へ | | | 平　成　へ |

動きが現れる。さうした流れと、明治維新における西洋文明の受け入れ方、それに対する反動の動きを、並列的に掲げてみたのが、この年表である。

例へば、欽明天皇十三年、『日本書紀』では五五二年、今では五三八年説の方が有力になつてゐるが、仏教公伝といふことで、古代史上画期的な出来事が起こる。この仏教伝来をめぐつて、蘇我氏と物部氏が対立。それがいはゆる崇仏論争といふことになる。〝論争〟といつても、これは決して口頭による議論だけではなくて、氏族同士による血を見る争ひ、内乱にまで発展する。この論争を機に、伝統的な日本の神々の尊崇を重んじた物部氏が旧勢力として衰退し、大陸からの仏教受容を容認した蘇我氏といふ新しい勢力に政権がとつて代へられる。さういつた新旧の勢力交代の動きがあつたのも、飛鳥時代初期の崇仏論争の時代である。新文明の受容をめぐつての新旧勢力の対立へ。これは丁度、黒船来港以降の開国をめぐる論争と、戊辰戦争にあたるのではないか。それが本年表での仮説である。

次に六世紀末、推古天皇の時代に聖徳太子が摂政に就かれる。氏族では蘇我馬子が権力を握つた時代に、新しい体制が出発するわけだが、それは五箇条の御誓文を掲げた明治維新の出発に比定できるものであらう。

さらに推古天皇八年（六〇〇）に、第一回の遣隋使が派遣される。遣隋使といへば、小野妹子の時の有名な「日出づる処の天子」といふ外交文書を思ひ浮べる人も多いかも知れない。しかし、実はそれは二回目の遣隋使の出来事である。

『隋書倭国伝』によると、一回目の遣隋使では、隋に国書を送るのだが、それは「倭王は天を以て兄となし、日を以て弟となす。天未だ明けざる時、出でて政を聴き跏趺して坐し、日出づれば便ち理務を停め、いふ我が弟に委ねんと」といふ文面であつた。これは「夜明けまでに兄である〝天〟が政務を行ひ、あとは弟である太陽に実務を任せる」といつた主旨ので、日中は太陽に任せて、王は政務を行はないといふものであつた。これを受け取つた時の高祖文帝は、「これ大いに義理なし」、すなはち道理に合はないと述べ、全くまともに相手にせず、倭国に政治制度の改革を諭したとされる。

以来、倭国も隋に倣つて、文明国にしなくてはならないといふ考へが優勢を占めることになる。それが後の律令制度導入へとつながつていくわけである。これが一回目の遣隋使なのだが、新文明の受容の必要といふ点では、明治四年（一八七一）の岩倉使節団がそれにあたるといへよう。

続いて推古天皇十二年（六〇四）の憲法十七条と、明治二十二年（一八八九）の大日本帝国憲法を並列させた。これは憲法発布翌年の教育勅語にもいへることだが、新しい国家指針の確立がこれらの憲法とともに、教育勅語にも現れてゐるのではないだらうか。

そして、二回目の遣隋使が、かの有名な「日出づる処の天子」である。近代では、黒船来港以来、日本が不平等条約を改正する上で、最初の突破口となつたのが日清戦争である。それまではアジアの東端の野蛮国と思はれてゐた日本が、当時の国際社会で認知されるのがこの戦争である。つまりこれまで〝眠れる獅子〟と思はれてゐた清を破つたといふことで、まづは日本と大陸の国とが肩を並べるほどの地位を確保した、といふわけである。もちろん外交使節の派遣と戦争の勝利といふことで、遣隋使時代と事情は全く異なるが、強ひていへば〝対等外交〟といふことで並列してみた。むろん当時としては隋は圧倒的な〝大国〟であり、時の倭国は〝蕃国〟〝化外の地〟に過ぎなかつた。それでも半島の様な冊封関係からは距離をとり、倭国が早くも独立国の気概を示した外交といつた側面は評価されてよい。

因みにこの推古天皇朝では、三回にわたる新羅征討計画があつたとされてゐる。これは隣国への〝強硬外交〟を目論んだといふ点においても、丁度、明治六年の「征韓論」から、日清・日露戦争に至るまでの日本と半島との関係を想起させるものがある。

やがて大陸では、隋が滅び、唐の時代になるのが、推古天皇から舒明天皇の時代にあたる。第二回の遣隋使からはすでに二十年以上経過してゐるが、今度は遣唐使が送られることになる。明治においては、日露戦争の終結で大国ロシアを破ることにより、開国以来の日本の近代化政策の目的は一通り達成したことになる。国際的地位の確立といふ点では、開国以来の文明開化路線が完遂して、不平等条約の改正を実現したのが、日露戦後に小村寿太郎が交渉にあたつたポーツマス条約といふことにならう。

白鳳期と昭和史

これまで飛鳥時代と明治時代とを並列してきたが、今度は、白鳳時代と昭和史を比較してみたい。周知の通り、大化改新は、孝徳天皇即位のもと、中大兄皇子と中臣鎌足によつて推進されたわけだが、その前に蘇我氏を滅ぼして、旧体制を刷新しようとしたのが乙巳の変である。一方、昭和初年度には昭和維新運動といふことで、当時の革新派の中から、明治の精神の原点に再び立ち帰らうといふ動きが現れ始めた。これは民間レベルで行はれたものなので、もちろん皇族親らがクーデターの当事者となられた乙巳の変とは異なる側面もある。また、大化改新は歴史学界でも、明治維新と比較されることが多いので、本来ならば明治維新と並べた方が適切といふ見方もできるであらう。

その後、皇極天皇が重祚され、斉明天皇四年（六五八）に、阿倍比邏夫といふ武将が東北地方まで蝦夷征伐に赴く。かういつたことで、国内の体制変革を経て、対外的な緊張感の始まる時代が、近現代でいへば昭和六年（一九三一）の満洲事変にあたる。

体制側が急進的な改革を断行すれば、当然それに反発する勢力も現れる。国内的にも、新体制に異議を唱へる内乱が勃発するわけである。これが古代史でいへば、有間皇子の変といふことになる。有間皇子の場合は、あくまで蘇我赤兄にそそのかされた上での謀叛の疑ひであるが、その動機の一つに、斉明天皇朝における飛鳥岡本宮造営にあたつての大規模な土木工事への批判や国家財政の浪費なども〝政の過失〟として挙げられてゐる。

昭和における国内の体制批判といふことで、真つ先に想ひ浮かぶのが二・二六事件である。

これは、理論上では北一輝の『日本改造法案』の実践にあたるが、蹶起に参加した皇道派の青年将校の中には、当時の大不況で困窮してゐた東北出身者が存在したことでも知られる。さうした〝格差社会〟に対する時の政府への批判があつたことも、事件の背景にあつたことも挙げておきたい。

そして、白村江の戦だが、これは斉明天皇朝末期から、中大兄皇子の称制二年。西暦でいへば六六三年にあたる。これは先に触れた様に、昭和史でいへば、大東亜戦争の敗戦にもあたる。明治時代の文明開化の一帰結となつたのも、大東亜戦争敗戦だつたといふ見方もできよう。それは丁度、明治維新から約八十年の期間にあたる。古代においても、仏教公伝から新文明を受け入れて、その後律令国家を建設するため、着実に〝文明開化〟を推し進めていつたわけだが、その一帰結が白村江の戦といふことになる。

さて、大東亜戦争の敗戦後、米軍による占領下にあつて、日本国憲法が制定される。これは周知の通り、実際はＧＨＱによる占領下といつた対外的な圧力によつて制定されたものであり、日本人の手によつて積極的に創られたものではないという事実は広く知られてゐる。

実は白鳳期においても、本邦初の律令法令として、近江令といふ法律が制定された。それを編纂したのが、天智天皇の勅命によるものだと考へられてゐる。近江令自体は現存してゐないので、その存否をめぐつても史学界では論争が繰り返されてゐる。ただ養老三年の元正天皇の詔にも、この近江令には言及されてゐるので、何らかの形で原型らしいものはあつたと考へる方が自然なのではないか。これも古代における敗戦後の緊急的な体制変革の一貫として制定された法令といふことで、昭和の戦後改革と並べてみた。

天智天皇崩御の後、大友皇子と大海人皇子との間で皇位継承をめぐる争ひが起こる。いはゆる壬申の乱である。これは、単に叔父と甥との間の皇位継承争ひといふだけに留まるものではあるまい。政策的には保守と革新との間の争乱といふこともできる。例へば当時では、〝唐風〟という大陸文明を積極的に導入したのが天智天皇における近江朝時代である。あへて図式化すれば、かういつた文明開化、改革に対する反発が、その後の天武天皇朝における〝日本への回帰〟につながつたといふ見方もできる。天武天皇は日本古来の〝神祇〟を重んじられたとされてゐるが、それから持統天皇の時代に、「倭国」から「日本」へと国号が改まり、伊勢神宮の遷宮制度が定められ、『古事記』『日本書紀』『風土記』といつた本格的な歴史書の編纂が開始される。

これも少々飛躍した印象になるかもしれないが、あへて昭和三十五年（一九六〇）の安保闘争と並列してみた。敗戦後の占領下で戦後体制が始まつて以来、非常に革新的な動きが、復興期にかけて活性化した。その安保闘争が終つた後に、日本の体制が岸内閣、池田勇人内閣となり、保守本流が主流となつた自民党政権が安定した基盤を築いていくわけである。「保守と革新との争ひから保守派の勝利」といふ流れで、象徴的な事件がこの古代史における壬申の乱と、現代史における安保闘争ではないかといふことで、多少強引ながら並列させてみた。

壬申の乱を経て、天武天皇からその皇后にあたる持統天皇の御代となる。この時代に起きた大きな事件としては、朱鳥元年、すなはち六八六年に起きた大津皇子の変である。これは天武天皇と大田皇女との間に生まれた大津皇子に、謀反の疑ひがかけられた事件である。

一方、大津皇子といふのは非常に優れた文学者で、漢詩文、和歌にも秀でた人物でもあつた。三島由紀夫も『日本文学小史』（講談社、昭和四十七年）の中で、大津皇子への深い共鳴を示し、その遺された数篇の漢詩から「ひとたび叛心を抱いた者の胸を吹き抜ける風のものさびしさ」を読み解いてゐる。さらに三島は「この凄涼たる風がひとたび胸中に起つた以上、人は最終的実行を以てしか、つひにこれを癒す術を知らぬ」とも評してゐる。あたかも評者自身の後の運命を暗示する様な感慨を交へてその文業を位置づけてゐるのが、興味をそそる。

卓越した文人であり、武人でもあつた大津皇子だが、その辺りには三島由紀夫の人生とも重なる部分を感じる。しかも、新しい秩序に対しての反逆といつた傾向もあり、さうした点からも、多少こじつけもあるが、萬葉歌人の大津皇子の変と、日本浪曼派の流れを汲むが蹶起した三島由紀夫事件を並べてみた。

以上の対照年表は、あくまで筆者が古代史を繙くにあたつて、頭の中で抱いてゐる図式に過ぎない。況んや学問的な事実でもなく、本書の内容をより深く理解するための一つの見取り図として、ご参考いただきたい。

本来ならば「戦後七十年」といふことで、純粋に戦後史に即した内容を提示すべきかもしれない。現在多彩な形での昭和史や戦後論の文献が出版されてをり、さうした中で、はたして自分がそれらを凌ぐような新たな形での戦後論を展開できるのか、とても確信はない。かといつて私自身は古代史や上代文学についての専門家でもない。むしろ古代と現代との図らぬ接点を見つめ直すことで、これまでとは違つた角度から戦後史を見直すことができるのではないか。それが本書での〝敗戦復興史〟の試みといふことになる。

そこに立ち入る前に、冒頭で掲げた昭和天皇の歴史観が、いかなる所から形成されたのか。まづはその歴史教育の導き手となつた、白鳥庫吉の生きた明治末期に焦点を当てたい。

# 第一章　歴史学者・白鳥庫吉の帝王学

## 戦捷に誇る勿れ～日露戦後の危機

明治三十八年（一九〇五）、倉敷で開催された白鳥庫吉の講演「戦捷《せんしょう》に誇る勿《なか》れ」の記録は、岩波書店の『白鳥庫吉全集第十巻』（昭和四十六年）に収録されてゐる。後に東洋協会と合併されることになる、亜細亜学会設立の時期に行はれたものである。日付は明らかではないが、標題にもある様に、日露戦争直後の戦捷気分に沸き立つ時勢を危惧した内容であることは察するに難くない。

「今日戦捷後と云ふので人気が大いに浮き立ち、凡ての事柄をなんでもない様に呑み込み、殊に古来の歴史もある処から戦争など訳もないものだと思ふに至つては、他日どんな不幸が起らないとも限らない」。——こんな一節があることからも、日露戦争の勝利で沸き立つ当時の状況にあつて、この様な主題で登壇すること自体、時代の流れに反するものに映つたに違ひない。

とりわけこの講演で白鳥が力点を置いたのは、「満韓問題」についてである。日清・日露の両役に直面した明治の日本にとつて、まさに近隣の中国東北部や朝鮮半島の問題こそが、同時に日本の安全保障を脅かす核心でもあつたことは間違ひない。むろん、その頃満韓歴史地理調査部の主任を務めてゐた白鳥が、満洲や朝鮮半島の問題について人一倍関心を抱くのは当然といへば当然であるが、これを同時代にあつて、歴史研究と現実的要請といつた二つの視点から、一般聴衆に向かつて説き起こしたことに、この講演の大きな意義があるといへる。

講演で、白鳥は日本の歴史教育についても以下の様に言及してゐる。

我国これまでの学校に用ひられる教科書を始めとして、その他種々の書籍などを見るに、我国の勝利だけ記載して敗北した事は一つも書いてない。……尤もこれは愛国心を養成するためにさうせられた事には相違ないとしてもその手段が間違つてゐる。勝つた事を書くのみで負けた事を書かないで、どうして目的を達する事が出来よう。幸にして近頃我国は敗北をとらないが、勝つた事の喜びのみを知つて負けた時の苦痛を知らないでは、もし萬一萬々一負けたらどうするであらう。この苦痛がわからない間は真正に勝利の有難味はわからないのである。

これは日露戦争の勝利に湧いてゐた当時の風潮としては、決して歓迎される様な内容ではなかつたはずである。かうした歴史観は、当然白鳥自身が東宮御学問所で進講するために筆を執つた、『国史』にも反映されてゐるはずである。

## 帝王学の教科書『国史』

時の皇太子・裕仁親王の教育機関として東宮学問所が開設されたのは、大正三年（一九一四）のことである。その御用掛を仰せ付けられることになつた白鳥は、東宮殿下への国史、東洋史、西洋史の御進講とともに、御学問所の教務主任も拝命することになつた。当初は拝辞した白鳥であつたが、謹んでその命を受け、以降七年間もの長きにわたり、その重責を担ふ運びとなつた。

すでに大正元年、明治天皇の崩御に伴ひ殉死した乃木希典の学習院長の後任として、白鳥庫吉が推されてゐたが、白鳥はそれも固辞してゐた。当時、東京帝国大学の文科大学の教授を務めてゐた白鳥は、学習院教授も兼官。同時に、院長時務取扱も仰せつかつてゐた。宮内省当局者と学習院関係者との意見の一致によるものだが、乃木将軍に続く院長として、その地位、人徳とともに、白鳥が最も適任であると、判断されたためであらう。

平成二十七年四月、白鳥が東宮御学問所で進講した「国史」が、勉誠出版から『昭和天皇の教科書　国史』として、「原本五巻縮写合冊」の形で再刊された。本書はすでに平成十二年に『昭和天皇の教科書　日本歴史』の題で文庫サイズで刊行されてゐたが、新たに加へられた所功博士による補論「歴史好きの少年皇太子と白鳥御用掛」によると、『昭和天皇実録』の完成・公開によつて、「初めて知りえた新事実が少くない」とされてゐる。

例へばこの『国史』教科書が、一挙に完成されたわけではなく、大正三年から六年にわたり、三年近くの歳月をかけて完備されたこと、また編纂にあたつて、日本教育史の研究者で当時学習院の教授を務めてゐた白石正邦、また白鳥とともに満鮮歴史地理調査部で研究員を務めてゐた津田左右吉が、御学問所の総裁たる東郷平八郎より「東宮御学問所用歴史編纂を嘱託する旨の辞令が交付された」旨が、『実録』からの引用を通じて紹介されてゐる。おそらくこの『国史』が『白鳥庫吉全集』に収録されなかつたのは、かうした協力者あつてのこととも考へられるが、それでも白鳥個人の意向が大きく反映された教科書であることは変りあるまい。

「国史」とは別に西洋史や東洋史も進講した白鳥だつたが、この神代から明治天皇の御歴代の歩みを辿る形で構成された『国史』の教科書においても、日本史のみならず、白鳥の東洋史家としての学識が反映されてゐる。まさに「『神皇正統記』の北畠親房にもひけをとらぬ皇室への忠誠心をもち、かつランケ流の近代史学を身につけた円熟期の白鳥庫吉博士が、可能な限り実証的な叙述に努めている」といつた所博士の解説に集約される教材といへよう。

その点については、すでに山本七平が、平成元年に祥伝社から出した『昭和天皇の研究―その実像を探る』で注目してゐる。本書で山本は、白鳥について、「漢学者がその専門家であった在来の『東洋史』に、実証的なヨーロッパ史学のメスを加え、徹底して史料批判に基づく近代史学を日本に樹立しようとされた」と、その〝東洋史家〟としての画期的な存在意義を高く評価してゐる。

本書の四章「天皇の教師たち(Ⅱ)—歴史担当・白鳥博士「神代史」観とその影響」の中では、「終戦のとき、天皇は白村江の敗戦のことを口にされているが、この敗戦について白鳥博士からどのような教育を受けられたかは『戦捷を誇る勿れ』という、日露戦争後の博士の講演を読むとほぼ想像がつく」と述べてゐる。

山本もいふ様に、実はこの白村江の戦は、戦前の国定教科書には書かれてゐなかつた。つまり白鳥自身も先の講演で述べてゐる様に、国定教科書では「愛国心を養成するため」の目的もあり、そこから〝神州不滅の国〟といふことを教へなければならない。だとすれば、「敗戦」といふ事実があれば、教育上、その整合性が保てないことになる。

ただ直接敗戦の記述はないとはいへ、昭和二年七月に当時の文部省から発行された『尋常小学国史』では、天智朝時代の百済救援について、以下の様に記されてゐる。


此の頃支那は唐の代にて、勢甚だ盛なりしが、新羅は其の助《たすけ》をかりて百済をほろぼさんとせしかば、百済の人々すくひを朝廷にこへり。皇太子すなはち天皇［斉明天皇］を奉じて九州におもむきたまひしが、天皇間もなく行宮に崩じたまひしかば、皇太子つぎて立ちたまふ。第三十八代天智天皇これなり。天皇兵を出して百済をすくはしめたまひしに、我が軍利をうしなひ、百済は程なくほろびしかば、天皇はながく我が軍を海外に労することの不利なるのを見たまひ、遂に之を引上げしめたまへり。

斉明天皇が六十歳を超えて、女性の身でありながら親ら九州まで赴かれて、朝倉宮を仮宮とし、臨時体制として、軍を百済まで率ゐようとされたことについては、『尋常小学国史』においても、しつかりと記述されてゐるのである。

間もなく女帝は崩御。直接「敗戦」とは書かれてゐないとはいへ、「我が軍利をうしなひ」といふ一節からも、かなり敗戦を匂はせる記述はある。記載されなかつたとはいつても、戦前の国定教科書が、この白村江の戦を全く無視したわけではなささうである。

では、白鳥庫吉の『国史』ではどう描かれてゐるのであらうか。残念ながら山本七平は、『昭和天皇の研究』の出版から二年後の平成三年に亡くなつてゐるので、白鳥庫吉の『国史』刊行を見ることは叶はなかつたが、その推察はほぼ間違ひなかつたと思はれる。

白鳥の『国史』第二章の天智天皇の時代には、「三、百済の救援」という項目があり、「帝国は唐の勢力の東方に及ぶを阻止するのを必要なるを認め、質として在留せる百済の王族豊璋を送還し、帝国の武力によりて其の国を復興せしむるに決せり」といふ具合に、この敗れた百済の王子・豊璋を招いて王位に就け、百済再興に向かはせるといつた経緯が記載されてゐる。その後、蝦夷征伐に従事してゐた阿倍比邏夫が、東北のみならず白村江に兵を送つたといふ事実が叙述されてゐる。

それに続いて、「唐はこの形勢を観てまた大軍を遣し新羅の兵と共に我が軍を攻撃しければ、我が軍終に大に敗れぬ」と、はつきりと「敗れぬ」といふ言葉が出てくるのだ。

先ほどの講演「戦捷に誇る勿れ」の中で、白鳥は、白村江の戦について、以下の様に言及してゐる。

帝［斉明帝］はかよわき女性の御身でありながら、親ら軍を率ゐて筑前の朝倉を行宮とせられて朝鮮に兵を向はせられたが、此時の舟師が朝鮮の錦江、今の牙山の南で唐の水軍のために大敗を蒙つた次第で、帝は崩御になり、天智帝の御代にも屢々朝鮮恢復の軍を挙げられたが、常にかの唐の軍のために悩まされてしまつた。

戦前の国定教科書において、白村江の敗戦については直接言及はなかつたものの、天智天皇の百済救援における出兵については触れられてゐる。しかしながら、「大敗を蒙つた」といふ事実については、おそらく専門の歴史学者以外であれば、初めて耳にする聴衆も少なくなかつたに違ひない。

さらに白鳥は、「日本は韓国を回復するために屢々唐と兵を交じへたが、この頃から彼の国情を知るの必要もあり、かたぐ〳〵久しく唐と交通して遣唐使を送り彼の国の文物を輸入しつゝあつたが、これも宇多・醍醐帝の頃にはその交通を断絶せざるを得ない事となつた」点を指摘する。遣唐使が、あくまで半島回復と敵情を知るために派遣されたものであったとすれば、後世の我々がイメージする華やかな大陸留学の印象とは、大きく異なってくるであらう。そして白鳥は、その後の日本の歩みについて以下の様に総括するのである。

爾来我国の外交はさつぱりなくなつて、元気と云ふものは振はなくなつた。これは何が原因となつたかと云へば、戦争に敗を取つた事である。戦争に敗をとれば斯くまで惨憺たる結果を見ると云ふ事を、深く深く肝胆に銘じて置かねばならぬ。日本が外国と戦争して負けた事実もかくの如く度々である。それであるから、この上代の歴史をありの儘に紹介したなら、戦へば必ず勝つと云ふ断定をしてゐる人に向つて、多少頂門の一針となりますかとの考へであります。

周知の通り、日露戦争後のポーツマス条約をめぐつては、日本は韓国における権益の優越、旅順・大連の租借権、長春以南の鉄道・炭鉱の獲得、南樺太の割譲と漁業権などを獲得するも、肝腎の賠償金を得ることができなかつた。その内容を不満とした群衆が、日比谷焼き打ち事件を起こし、軍隊を出動させるまでの大騒ぎとなつた経緯についてはよく知られてゐる。さうした中、国内の戦勝気分に水を差す様な白鳥の悲観的な見解が、どれだけ当時の聴衆に伝はつたか、甚だ疑問視せざるをえない。

## 裕仁親王の御修学

裕仁親王御自身は、欧州御遊学前年、満十九歳を迎へられた大正九年、九州の大宰府に赴かれた折に、百済救援の詳細をお聴きになられた様である。

合冊版の『国史』の所博士による補論においても、『昭和天皇実録』から、「A各地の山稜・社寺・史蹟などへの参拝見学」、「B天皇からの下賜品や有志からの献上品」といった〝歴史に関する御修学〟が抄出されてゐる。

御学問所第七学年の大正九年（一九二〇）四月六日の日付には、「福岡の大野城史跡・久留米偕行社にお成り。太宰府神社（太宰府天満宮）に御会釈。観世音寺・都府楼跡・水城関所址など御覧」とあり、翌七日には「筥崎宮・香椎宮に御参拝」の記述が見られる。白村江戦についても、この時に御修学あそばされたのであらう。

ただし、実際はそれより五年前の大正四年度、満十四歳を迎へられた東宮御学問所二年時に、天智天皇の一章が設けられた『国史』巻三の御進講が実施されてゐる。かうした白鳥の教科書からも、白村江での日本の敗戦といふ事実を、昭和天皇は早くから御存じになつてをられたことが考へられる。

因みに前出の所博士による「補論」では、裕仁親王が第五学年の大正七年四月三日から七日にかけて、京都から滋賀、大阪の歴代御陵を集中的に巡拝された記録が抄出されてゐる。

その四日の記録には、「滋賀の天智天皇陵・弘文天皇陵に御参拝。園城寺・円満院にお成り。建部神社に御参拝」とあることから、皇太子時代の昭和天皇が、嘗て大津宮が置かれた滋賀県の大津市周辺の史蹟を巡られたことが窺へる。

付言すると、実際は天智天皇陵は京都の山科にあるので、そこから現在の大津市役所裏にある弘文天皇の長等山陵を巡られ、更に周辺の園城寺、瀬戸の唐橋の先にある建部神社にも御参拝になつたのであらう。

太宰府天満宮

園城寺の閼伽井屋

周知の通り、園城寺は天台寺門派の総本山。天智天皇・天武天皇・持統天皇の三代の御産湯となつた閼伽井屋《あかゐや》のあることから、一般には三井寺の名でも知られてゐる。また「建部神社」は、現在の建部大社を指す。日本武尊をお祀りし、元々は現在の東近江市の箕作《みつくり》山《やま》に祀られてゐたが、天武天皇がこの地域の守護神として遷座。周辺には近江国庁址もあり、古くから近江国一之宮として地域の崇敬を集めてゐる。

さらに大正九年五月二十六日には、沼津行幸の際、西溜ノ間に陳列の『日本書紀』各種写本・版本を、貞明皇后・秩父宮雍仁親王と御一緒に御覧になり、文学博士の黒板勝美から説明をお聴きになつたことが記されてゐる。

再び『国史』に戻ると、「百済救援の失敗はや、国威を傷けしが如き観あるも、国民の生活は之がために何等の損害を蒙らざりき」といふ記述がある。これは同じ〝敗戦〟でも、大東亜戦争の時とは大きな隔りがあるといへよう。

白村江では、対外戦争で朝鮮半島が舞台となり、海戦では圧倒的な唐帝国の攻撃により、倭国水軍が大きな損害を蒙つてゐる。その一方で、幸ひにして日本の本土は攻められることなかつた。もちろん、勝者となつた唐・新羅との緊張関係は続いたが、〝国土防衛〟といふ点においては、実は日本にはそれほど大きな損害はなかつたといつていい。

それに対して、第二次世界大戦での日本は、本土決戦は免れたとはいへ、戦争末期には首都東京をはじめ、各地方都市は空襲で多大な犠牲と損害を受けた。さらには終戦直前にはソヴィエト連邦が中立条約を一方的に破つて北方領土を獲得し、広島・長崎には人類史上初の原爆投下といふ、国内のみならず、世界的な規模においても大きな損傷を受けてゐる。つまり同じ〝敗戦復興〟といつても、白村江と大東亜戦争では、日本が置かれた条件そのものが大きく異なるわけである。

では、天智天皇が直面された対外危機、白村江の戦はどんな戦争だつたのか。まづは、天皇が中大兄皇子として活躍された大化改新当時の内外の情勢から探りたい。

# 第二章　大化改新から百済の役へ

## 新羅伐つべし～古代東アジア動乱と大化改新

「百済は日本の保護国だ。百年以来忠実であつて何の罪もない。渝《かは》りなく朝貢しつつ、我が国の文化に貢献して来た百済を、一朝の利害によつて、新羅に乗り替へるといふやうな不信な事を我が日本がするなら、道義の国日本の名誉は地に堕ちる。若し新羅が百済を攻めるなら、日本は勿論百済を援けて新羅を討たねばならぬ。」

『出家とその弟子』で知られる倉田百三の小説『大化の改新』での中大兄皇子の科白である。本書は、その晩年にあたる昭和十四年七月から八月にかけて、雑誌『新日本』に連載され、作者歿後、約一年を経た昭和十九年五月に、紀元社といふ出版社から刊行された未完の小説である。

編集者による「後記に代へて」によると、本作は「大化の改新を日本精神美の雄煇優美天真等の側面より捉へ、日本精神の高揚と歴史的使命の自覚とを作為に盛らうとしたこの小説は……更に後篇を近江遷都に於て結ぶはずのものであつた」と解説されてゐる。倉田本人も「壮年期に於ける作者の最大力作」と自負してゐたらしく、右の中大兄皇子の科白にも、その意気込みのほどが反映されてゐる様である。

昭和十年代、『祖国への愛と認識』、『日本主義文化宣言』といつた著述も手がけ、急激に日本主義に傾斜していつた百三だが、その理念は、次の中臣鎌子（後の藤原鎌足）の科白にも投影されてゐる様である。

「我ら神祇の家に生れました者より見まして、先づ枢要なることは国教を正しくする事かと思ひます。申す迄もなく我が日本は神国であつて、祭政一致を以て国本と致さなくてはなりませぬ。儒仏二教は外国より伝来しましたもの、之を採つて用ゐるは素より差し支へございませぬが、其処に明瞭なる判別がなくてはなりませぬ。……一般文化の上に於て我が国伝来のものを尊重し、奨励し、日本の精神、歴史、詩歌、民謡を愛し、研究し、又土着の風俗、習慣等をも努めて保存し、すべての日本の伝統的なもの、日本の民族の産み出しましたる文化を骨子として、異国風のものを採つて用ゐるべきものと存じます。」

大正十年、倉田百三が二十歳の時に出版した『愛と認識との出発』は、西田幾多郎の『善の研究』、阿部次郎の『三太郎の日記』とともに、当時の旧制高校生の必読書と呼ばれたことは広く知られてゐる。その戯曲『出家とその弟子』は、かのフランスの作家・ロマン・ロランにも激賞されたほどである。元は西洋的な知性から出発した彼は、西田哲学、聖書体験を経て、のちに法然・親鸞といつた浄土思想に近づく。やがて昭和の動乱期とともに日本主義の先導的役割を果たして晩年に至るが、その生涯は、そのまま大正から昭和期に活躍した知識人の縮図ともいへよう。さうした様々な思想遍歴を経てきた彼だからこそ、この鎌子に託した〝日本の伝統文化の尊重〟への思ひも、より説得力を感じさせるものがある。

一方、大化改新で討伐の対象となつた蘇我氏についてはどうであるか。作中では「蘇我氏の如く、畏くも皇室に対したてまつり不敬の念を抱くに至つた原因も、実に彼等があまりにも漢人風の思想、風俗になじんだためでございます」と、神祇を重んじた中臣氏とは対比的な〝拝外主義者〟として描かれてゐる。いささか図式的な嫌ひがないではないが、当時の作者が、大化改新前後の国論を如何に捉へてゐたかが、端的に伺へる人物造形となつてゐる。

作品では、蘇我氏を〝親新羅派〟、鎌子と中大兄皇子を〝親百済派〟と二極化させることで、大化改新の理念と後に白村江の戦につながる百済の役での日本の外交姿勢を暗示させる設定が施されてゐる。しかしながら、実際は古来百済との外交を通じて仏教その他の大陸文化の受容を進めてきたのは、むしろ蘇我氏の方であり、今日歴史学界でこの様な図式で大化改新を捉へる向きはまづないといつてよい。

大化改新については、現在その存在すら否定する歴史学者もあり、嘗ての坂本太郎の学位論文『大化改新の研究』の様に「最初の王政復古」と捉へる向きは今日では一掃された感がある。戦後の一時期は、改新前後の国際情勢と国内の外交姿勢とを関連させる研究も進められるが、これも学者によつて定説が共有されてゐるわけではない。

例へば、蘇我氏を推古天皇朝以来の〝親百済派〟と見る向きはほぼ定説化されてゐる様である。一方、改新後に成立した孝徳天皇朝を、さうした蘇我氏への反動から〝親唐・親新羅派〟とし、実権を行使された中大兄皇子についても漢学の素養があつたことから、その同調者と見做す見解もなされてゐる。ただ、その後改新政府内で孝徳天皇と中大兄皇子との対立が存在したことから、皇子を蘇我氏同様〝親百済派〟に回帰したものと見なす史家もゐる。或いは全く逆に孝徳天皇御自身が実は〝親百済派〟だつたのではないか……と見る学者もをり、その見解は必ずしも歴史学界の間で共有されてゐるわけではない。

　百三の小説とは全く逆に、遣唐使からの帰朝者である南淵請安や高向玄理に学び、その新潮流を改新政治に導入しようとした中大兄皇子や鎌足は、むしろ当時最先端の儒教や仏教に早くから通暁してゐたと考へられる。また、孝徳天皇についても、書紀によれば「仏法を尊び、神道を軽《あなづ》りたまふ」と評されてゐる様に、その思想は、伝統的な神祇よりも、仏教や儒教に傾倒されてゐたことが窺へる。

**蘇我入鹿の首塚**

　後年の我々の知識からすれば、白村江の戦といへば、圧倒的な軍事力を有する唐・新羅軍に攻撃された〝小国〟百済を救ふべく、倭国軍が後方支援に向かつた……といふ印象が強いのかも知れない。そして、実際、百済の後、同盟国だつた高句麗も滅ぼされ、七世紀末に最終的に新羅が現在の朝鮮半島を統一するわけだが、実はこの新羅こそが、当時の東アジアで一番の弱小国であつたといふことは、その後の国際情勢の変化を伺ふ上でも留意する必要がある。

高句麗にしても、白村江の戦以降、わづか数年で滅ぼされてしまつたが、実際は嘗て隋やその後の唐からも何度も征伐に遭ひつつも撃退を繰り返し、むしろ隋・唐といつた当時世界的規模での超大国を悩ませてゐたのは、高句麗の方であつた。

そもそも神功皇后の三韓征伐伝説以来、長らく倭国と百済に対して、高句麗とは敵対関係にあつたのだ。それが後に百済を介して同盟関係を結ぶなど、当時としては全く考へも寄らない事態だつたに違ひない。それくらゐ、四世紀から七世紀にかけての三韓時代における東アジアの国際情勢は、極めて〝複雑怪奇〟だつたのである。

これまで、倭国は任那滅亡後も、百済・新羅から〝任那の調〟を受け、半島南部に対して優位に立ちながらも、唐・高句麗といつた〝強国〟とは、一定の距離を保つことができた。これも偏に海洋国といふ恵まれた地理的条件もあつたためであらう。しかしながら、七世紀半ばからの目まぐるしく変化する国際情勢は、これまでの倭国の〝栄光ある孤立〟の立ち位置を許すことはなかつた。

## 危《あやふき》を扶《たす》け絶えたるを継ぐ〜百済救援への聖断

白村江の戦は、今から約千三百五十年前、古代史上における対外的な危機、日本人が初めて巻き込まれた国際的な戦争だつたといへる。近代以前の日本において、海外と戦を交へた時代といへば、それ以外に、中世の蒙古襲来、近世の朝鮮出兵が想ひ浮ぶ。中でも古代における白村江の戦といふのは、大国・唐と直接対戦し、大敗を喫した戦争といふことで、当時の日本人においては非常に衝撃的な事件だつたに違ひない。おそらく近代以前で、日本人が東アジアで体験した最初の世界大戦といふことがいへるのではないだらうか。以下、この白村江の戦に至るまでの百済救援の役の経緯について、『日本書紀』の記述を主軸に、『旧唐書』『新唐書』『三国史記』といつた海外史料や解説書を補ひながら辿りたい。

当時の朝鮮半島の情勢だが、一番北に高句麗、中央東側に新羅、一番南西に百済が位置し、四世紀以来のいはゆる「三韓時代」が続いてゐた。

高句麗は隋の時代からしばしば大陸からの侵攻を受けてゐたが、四回にわたる大国からの軍事介入にも屈することなく、抵抗を続けてゐた。一方、度重なる他国への遠征は隋を疲弊させる結果になり、六一八年、遂に煬帝は内乱により殺害され、代つて高祖・李淵が唐を建国した。高祖を継いだ太宗・李世民は〝貞観の治〟と呼ばれる善政を敷いた名君として知られてゐる。その言行録『貞観政要』は、一条天皇をはじめ、明治天皇、昭和天皇の帝王学の教科書としても重んじられてきた。鬼頭清明の『白村江』（教育社、昭和五十六年）によると、高句麗遠征について太宗は、前王朝の失敗もあり、慎重な立場を崩さなかつたといふ。しかし、王朝内の強行派からの進言もあり、太宗はその跡を継いだ高宗とともに数回に及ぶ遠征を実行することとなる。

一方、六四二年、高句麗では唐侵攻に備へ、長城の築造に着手してゐた。その築城監督にあたつてゐた泉（淵）蓋蘇文が、唐との融和的な外交を進めてゐた栄留王を殺害して、反対派を粛清。その弟を新国王として即位させ、自らは莫離支といふ副総理級の地位に就いて実権を握つた。

その頃、三韓中、最も弱小だつた新羅は、北の高句麗、西の百済と、双方からの攻撃をしばしば受けてゐた。高句麗からも倭国からも同盟を拒否された新羅の有力王族・金春秋は、遂に唐と結び、唐風の律令国家を築くことになつた。

大化改新後の倭国では、旧来からの百済との親交を継続させる一方、長安を模したとされる難波宮で、孝徳天皇が二十五年ぶりに遣唐使を再開させるなど、決して一方の国に偏ることなく、均衡のとれた等距離外交を実践してゐた。

ところが白雉二年（六五一）、倭国を訪れた新羅の使者が唐服をまとつてゐたことを疑問視する声が国内でもあがる。――もしかすると、我が国も新羅の様な唐の属国となるのでは。興味深いことにこの「唐服事件」は、江華島条約の際の李氏朝鮮が、西洋化した日本を警戒したのと、実に対称的な事態となつてゐる。難波宮の新政権は、「改新政治」とはいへ、決して唐への服従を誓つたわけではなかつたのである。

その後、孝徳天皇と政策路線の対立があつたのか、中大兄皇子は間人皇后らを連れて、飛鳥に戻られることになる。間もなく孝徳天皇は孤独のうちに崩御。代つて、改新前まで皇極天皇として執政にあたられてゐた中大兄皇子の母君・宝皇女が、斉明天皇として重祚された。

斉明五年（六五九）三月、兼ねてより新羅の武烈王（金春秋）から救援を求められてゐた唐の高宗は、百済遠征を決行。これを「遠交近攻」といひ、先に百済に打撃を与へることで、長年の唐の宿願でもあつた高句麗征討を有利に導くための戦略であつた。

翌年七月、蘇定方は十三万もの大軍を百済に派遣。新羅軍と合流し、白村江口にある百済の泗沘城を包囲した。義慈王は城から逃れ、陥落。遂に唐軍に降伏し、捕虜となり、百済王朝は呆気ない最期を遂げてゐる。間もなく義慈王は長安で病死する。

ところが、蘇定方が百済王を携へ、凱旋のため唐に帰国するまでに、思ひがけない展開が始まる。王城は不在となつたとはいへ、各地の百済遺民は唐の戦後処理に抵抗。復興の狼煙を上げた百済王族の鬼室福信・僧・道琛らが、任存城を拠点に三万余もの兵を結集し、唐・新羅への抵抗運動は、たちまち百済全土に及ぶことになつた。

勢ひに乗じた福信らの率ゐる百済再興運動は、国内の唐軍・新羅軍を駆逐。唐将・劉仁願が残留する嘗ての王城・泗沘城の奪還を試みるまでに発展した。

百済滅亡とともに、復興運動の報せは、間もなく我が国の飛鳥岡本宮にも伝はつた。その頃、国内には、百済王子・餘豊璋が人質として滞在してゐた。福信は倭国からの救援軍派遣とともに、この豊璋を百済国王として推戴させ、祖国に送還する様要請した。その時の斉明天皇の詔は以下の通りである。

師《いくさ》を乞ひ救《すくひ》を請《まう》すことを、古昔《いにしへ》に聞けり。危《あやふき》を扶《たす》け絶えたるを継ぐことは、恒の典に著《あらは》れたり。百済国、窮り来ちて我に帰《よ》るに、本邦《もとのくに》の喪《ほろ》び乱れて、依るところ靡《な》く告げむところも靡しといふを以てす。戈《ほこ》を枕にし胆を嘗《な》む。必ず拯救《すくひ》を存《たも》と、遠くより来りて表啓《まう》す。志奪ひ難きこと有り。将軍《いくさのきみ》に分ち命《おほ》せて、百道《もものみち》より倶《とも》に前《すす》むべし。

「窮鳥懐に入れば猟師も殺さず」といふ故事もある様に、危急存亡に遇した友好国から救援を求められて、黙つて見過ごすわけにはいくまい。乙巳の変以来、これまで数々の事変や蝦夷征伐を乗り切られた老女帝の気宇壮大な御決意が、鮮烈に伝はつてくる詔である。

ここでいふ「古昔」や「恒の典」が、具体的にいかなる前例を念頭に置かれてゐたかについては不明である。しかしながら、神功皇后の三韓征伐をはじめ、推古天皇朝における新羅征討計画を想起すれば、いざ半島情勢に一旦緩急あらば、この様な御覚悟は極めて自然なことだつたのかもしれない。

それにしても、この百済救援に至るまでの倭国の外交姿勢であるが、結果的に唐との直接対決で大敗を余儀なくされたことで、「無謀な戦争」への参入を批判する向きは今尚絶えない。もちろん時の倭国としても、百済からの要請を拒否することも可能だつたはずである。仮にこの救援が成功したところで、「国益」といふ観点からも、どれだけの利点が得られたかも定かではない。

さうした中、百済は百済で、なぜ自ら滅亡するまでに倭国に救援を求めなかつたのだらうか。同盟国であつたはずの高句麗との連携についても、どれだけ密接だつたのか、誠に不明といふほかない。もちろん現在の国際情勢における他国との同盟関係が、千三百年以上といふ遥か昔の古代史にそのまま当てはまるものではあるまい。とはいへ、たとへ一時期であれ、唐と新羅とが緊密な連絡を取り合ひながら、百済侵攻後、複数にわたる高句麗への征討に向かつたのと比べれば、対する倭国と百済、高句麗の〝三国同盟〟はどうであつたか。

少なくとも四世紀から六世紀に遡れば、高句麗は百済にとつても倭国にとつても、敵対関係にあつた。それ故

**飛鳥岡本宮跡のある岡本寺**

三国の「同盟」についても、新羅が唐に救援を求めたことで生まれた「敵の敵は味方」式の、極めて消極的な連携だつたのに過ぎなかつたのではないだらうか。本来、現代的な意味での「同盟国」であるなら、友好国が滅亡する前に傍観視することなく、何らかの手を打つて然るべきではないか。

留意すべきなのは、百済は百済で、自国が滅びるまでに、決して倭国へ救援を求めなかつたといふことだ。倭国は倭国で、百済滅亡までに、唐・新羅軍からの百済侵攻の事実を知らなかつたのだらうか。否、全く情報が入らなかつたわけではあるまい。我が国は改新後、新羅からの救援を断る一方、直前まで遣唐使を送るなどして、唐との従来の外交を継続しようとしてゐた。その上で、百済復興運動が軌道に乗るまでは、我が国も他国への遠征には慎重な姿勢だつたと思はれる。従つてこの度の百済復興への救援についても、決してやみくもに冒険主義的な外征に乗り出したとはいへまい。

## 潮もかなひぬ今は漕ぎ出でな～倭国水軍の西征

十二月、新羅征伐の準備を固め、百済を救援すべく、天皇一行は飛鳥岡本宮から、嘗て孝徳天皇時代に宮殿のあつた難波宮へと行幸。軍備を整へ、駿河国に勅して軍船を製造させた。ところがその船を伊勢国に移動させたところ、夜間、原因不明の転覆に見舞はれた。さらに天に届かんばかりの蝿の大群が西へ向ふなど、早くも百済救援軍に多難な前途を予感させた。翌年の斉明七年一月六日、天皇親ら乗られた御船は、難波津を出港。瀬戸内海経由で九州の筑紫へと向かつた。

御船はまづ現在の岡山の邑久《おほく》郡にある大伯海《おほくのうみ》に辿り着く。そこで中大兄皇子の皇女で大海人皇子の妃となられた大田姫皇女から生まれたのが、後に斎宮として伊勢神宮に奉仕された萬葉歌人・大伯皇女である。因みに翌々年、娜大津にて同妃からは大津皇子が生まれてゐる。身重の女性を伴つての西征となつたが、百済救援の役が如何に皇族挙つての一大事業となつたか、その御覚悟のほどが察せられる。これまで斉明天皇の御代においても、再三にわたる蝦夷征伐が行はれたが、派兵されたのはあくまで軍のみであり、行幸を伴つての大移動は、まさに神功皇后の三韓征伐以来、極めて異例の出来事に属さう。

藤原明衡撰による平安中期の漢詩文集『本朝文粋』には、歴史教科書でも有名な三善清行の「意見十二箇条」が収められてゐるが、そこでは、今では逸文となつた『備中国風土記』から、百済救援にまつはる興味深い話が引かれてゐる。

すなはち、斉明天皇が筑紫に行幸の際、途中、備中国の下道郡に宿された。その時、摂政を務められてゐたのは、皇太子であられた中大兄皇子であつたが、この地の一郷あたりの戸数の多さに目をつけられた。そこで兵を募つたところ、たちまち二万人もの男子が集まつたといふのだ。そのことから、この地域が「二万郷」と名付けられ、後に改めて「邇磨郷《にまのさと》」となつたといふのだ。実際に二万名もの兵が本当に集まつたかどうか、当時の人口が如何に不確かとはいへ誇張はあるだらうが、地名由来の説話とともに、書紀だけでは伺へない、百済救援の折の徴兵の一端が察せられる。

十四日、一行は今の愛媛県にあたる伊予国の熟田津の石湯《いはゆ》、現在の道後温泉の辺りに到着する。伊予の湯の宮は、嘗て斉明天皇が舒明天皇とともに御幸した想ひ出の地でもある。

そのとき、伊予の石湯から出航する際、額田王が詠んだとされるのが、『萬葉集』にも収められた有名な次の歌である。

熟田津に船乗りせむと月待てば潮もかなひぬ今は漕ぎ出でな

人口に膾炙した名歌だが、二ヶ月もの逗留を経ての漸くの出航といふことも念頭に置かねばなるまい。「月待てば」にも、単に夜になつて月の出を待つといふ意味以上の長い溜め込みがあるのだ。現在の様に、運航次第でいつでも船出ができるといふ状況ではない。月夜での潮流といふ自然現象の時機を見計つた上での、それこそ満を持した出航であらう。「いざ、船を漕ぎ出さん」といふ畳みかける様な韻律に、これから四国から九州を経て、遠く半島へと、兵士たちを鼓舞する様な躍動感が伝つてくる。恰も巫女が神勅を言寄せする様な詠唱は、当時の兵士たちにとつても、一種の〝軍歌〟にもなつてゐたに違ひない。

『萬葉集』の左註に引かれた山上憶良の『類従歌林』に拠ると、天皇はこの地で「昔日《むかし》のなほ存《のこ》れる物を御覧《みそこなは》して、その時にたちまちに感愛《めで》の情《こころ》を起したまふ」とされてゐる。それ故この歌は、斉明天皇の御製とされてゐるが、哀傷歌としては不自然な調べでもあり、萬葉集の編者がなぜわざわざ額田王の歌として載せたのかも不明な点が残る。ただ、実際に詠じられたのが額田王だつたとしても、現地にゐた兵士たちからすれば、天皇親らの御製とした方が、士気を昂揚させるのに、多大な効果をもたらせたに相違ない。

**愛媛県護国神社萬葉植物苑の額田王歌碑**

現在、松山市の道後温泉から少し離れた場所に、愛媛県護国神社があり、その境内の奥には愛媛県万葉植物苑がある。その園内に、この「熟田津に……」の額田王の歌碑が建つてゐる。松山は「熟田津」の推定地の一つだが、実際にこの歌がどこで詠まれたかといふのは、実のところは定かではない。

石湯での逗留は二ヶ月以上にも及ぶが、目下、百済での再興運動が一刻も迫る中、出兵前の英気を養ふ滞在にしてはあまりにも長期間に過ぎよう。当然、その間徴兵のほか、軍船や兵糧といつた軍備の調達、或いは戦さの経験のない兵士たちの軍事訓練も行はれたに違ひない。

## 豊旗雲に入り日さし～斉明天皇崩御

『萬葉集』では、おそらくこれも西征の際に詠まれたであらう、中大兄皇子の次の御歌が載せられてゐる。

わたつみの豊旗雲に入日さし今宵の月夜さやけくありこそ

こちらは海神が起こした幾重もの雲が、まさに戦旗の様に棚引く様子が目に浮かぶ。そしてそこに差し込まれた夕日から、清らかな月夜の様を想起させてゐる。昼から夕方、夜にかけての時間的経緯を一首の中に盛り込む手法もさることながら、月夜の暗示が、何やら先に掲げた額田王の歌との対応を感じさせるものがある。

漸く一行が、伊予から現在の福岡県博多湾にあたる筑紫国の娜大津《なのおほつ》に着いたのは、三月二十五日のことである。現地の磐瀬行宮を「長津」と改めた後、五月には、そこから四十キロほど離れた朝倉橘広庭宮にて行宮を営まれた。

この様に斉明天皇が、遠く飛鳥から北九州へと皇居と政府を移された「果断の処置」について、北山茂夫は『天武朝』（中公新書、昭和五十三年）の中で、「空前絶後の事態」と評価し、肥前の名護屋に移つた豊臣秀吉の朝鮮出兵、大本営を広島に設置した明治天皇の時代の日清戦争に匹敵する行動になぞらへてゐる。歴史上、天皇親ら遠征に乗り出された百済救援の役が、いかに一国挙げての大事業だつたか、これらの史実に比しても充分窺へる。

鎌倉中期の建長四年（一二五二）に成立した教訓説話集『十訓抄』には、この朝倉の地で丸木で「黒木の屋」を作らうとされた天智天皇が、民を煩はせず、「宮づくりをとかく倹約を宗とせられける也」といつた、書紀には見られない逸話を伝へてゐる。その時、用心しながら、入殿する人に必ず名乗りをさせたことから、次の歌を詠まれたとされてゐる。

朝倉や木の丸殿にわがをれば名のりをしつゝ行はたが子ぞ

ところが書紀では宮造営にあたつて、朝倉社――すなはち延喜神名式の麻弖良布《まてらめ》神社の木を裁伐したことが雷神の怒りを買ひ、宮殿が毀されたとされてゐる。

その月二十三日から、現在の済州島にあたる耽羅から初めて王子・阿波伎等が遣はされ、貢ぎ物を受けてゐる。

七月には、朝倉宮にて斉明天皇が崩御。大化改新から飛鳥京造営、有間皇子事件を経て、蝦夷征伐、そしてこの度の百済の役と……まさに七世紀の東アジアの動乱に呼応する様な、波瀾に富んだ女帝の足取りだつた。

八月、天皇の喪を伴はれ、中大兄皇子は再び磐瀬宮に還られた。十月、天皇の御遺体はしめやかに海へと移送されたが、その時に皇子が詠まれたのが次の御歌である。

君が目の恋ひしきからに泊てて居てかくや恋ひむも君が目を欲り

恰も恋人を偲ぶかの様な、壮年期を迎へられた皇子の痛切なる哀調である。その後母帝の御遺体は難波経由で護送され、翌月、飛鳥の川原にて殯が施行された。

その後、中大兄皇子は天皇に即位されることなく称制され、先帝の百済救援事業を引き継がれた。その間、孝徳天皇の御后であられた間人皇后が「中天皇」として中継ぎされたといふ説が、古くから萬葉学者を中心に唱へられてゐる。例へば、中西進氏の『天智伝』(中公叢書、昭和五十年)では、『萬葉集』に二ヶ所にわたつて「中皇命《なかつすめらみこと》」が登場することから、「もし中大兄が非常事態のゆえに即位を先に延ばすとすれば、ひとまず形式上天皇に擁すべき人間は、間人以外には存在しない」と考証した上、「中大兄は、天皇の崩御の後、間人皇后を中天皇とし、自らの摂政の地位をもって新事態に対応したのではなかったか」と推測されてゐる。

折口信夫も『日本文学史ノート』の「万葉集と皇統譜」の中で「皇后にあたる方で、女の神聖な権威をもっておられた方が、中天皇、あるいは中皇命あるいは中皇女である」と定義づけ、「皇太子で摂政である方で、女帝のときに、近親の皇子が政を輔けている。そういう組織が、飛鳥の都と奈良の京の時代に相当行われていい」たと指摘してゐる。

古代に於いて天皇崩御後に、皇后が〝中継ぎ〟として即位される例は決して珍しくない。しかし、「中皇命」が間人皇后であるとすれば、正史である『日本書紀』がその事実をなぜ記載しなかつたか。国文学者の中には、中大兄皇子と間人皇后との浅からぬ関係を指摘する向きもあるが、依然として明確な解答があるわけではなく、状況証拠の枠を出るものではない。神功皇后の三韓征伐以来、古代史上類のない外征は、皇太子の正式な即位を延期させるほど、我々の想像以上に切迫した非常事態だつたといふことだらうか。

長津宮が置かれた現在の大宰府政庁跡周辺には、中大兄皇子が御母堂の斉明天皇の追善のために建立された観世音寺がある。「西日本随一の寺院」とも呼ばれ、境内にある日本最古の梵鐘は、菅公の漢詩にも、「都府楼は纔かに瓦色を看る／観音寺は唯鐘声を聴く」といふ様に詠じられてゐる。源氏物語にも登場するその伽藍が落成したのは、およそ百済の役から八十年後の天平年間。一寺院の建立としては気が遠くなるほどの歳月だが、その後の危機迫る東アジア情勢とともに、筑紫近辺も混迷を深めた期間を偲ばせる。

**斉明天皇を追善した太宰府市の観世音寺**

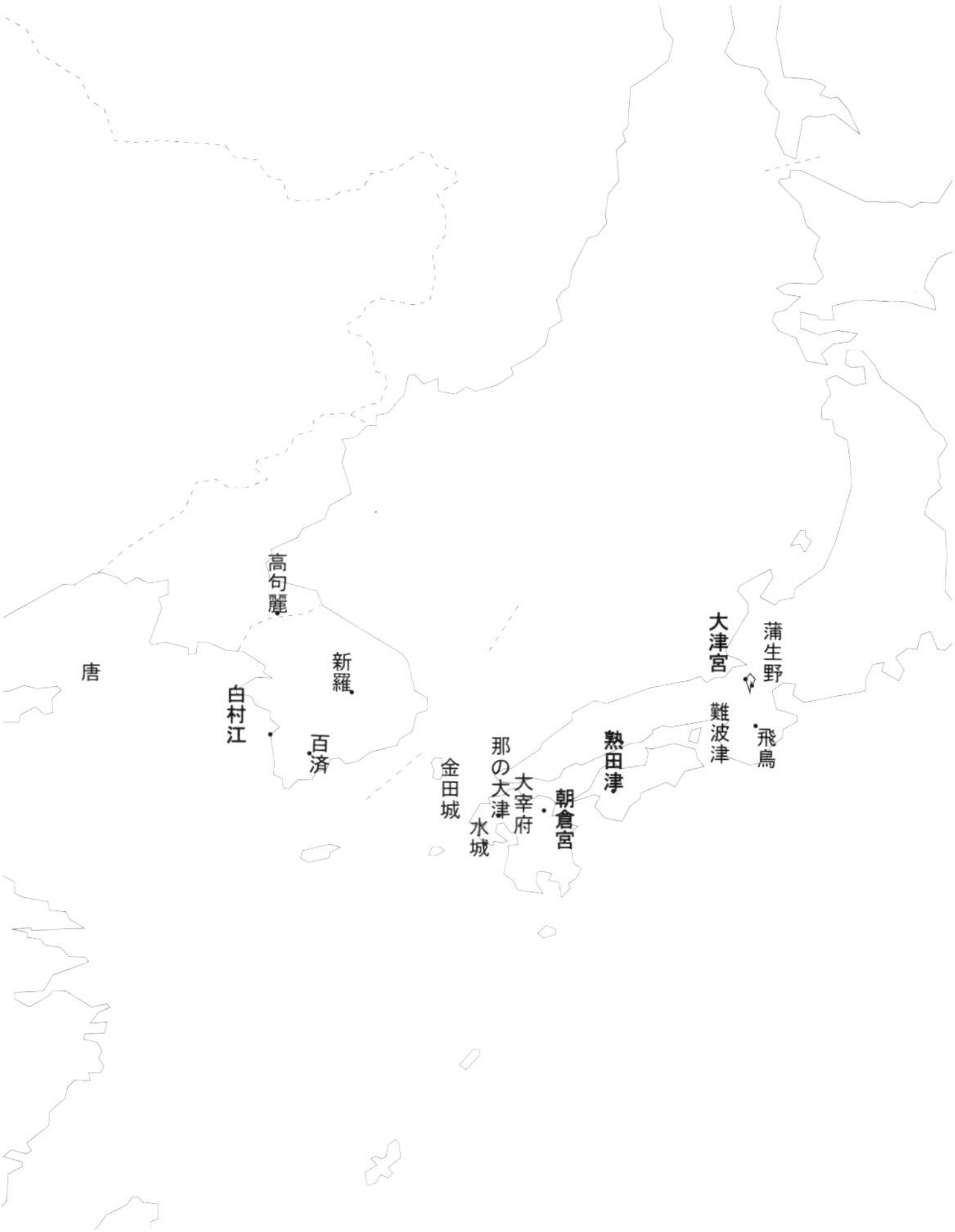
高句麗
唐
新羅
白村江
百済
金田城
那の大津
大宰府
水城
朝倉宮
熟田津
難波津
飛鳥
大津宮
蒲生野

# 第三章　運命の白村江

## 須臾之際《ときのま》に官軍敗績《みいくさやぶ》れぬ〜白村江海戦

斉明天皇七年（六六一）七月、朝倉宮を大本営とした百済救援は、斉明天皇崩御後、称制された中大兄皇子が、長津宮に遷ることで引き継がれることになつた。三善清行の『意見十二箇条』に引かれた『備中国風土記』逸文によると、天皇崩御のため、二万の兵士派遣は最終的には見送られたとされてゐる。一方、『日本書紀』によると、八月に、阿曇比邏夫を前将軍、蝦夷征伐に功績のあつた阿倍比羅夫を後将軍として、一回目の百済派軍が編成されてゐる。

前将軍の阿曇比邏夫の一族・安曇氏について、松枝正根氏は『古代日本の軍事航海史〈下巻〉』（かや書房、一九九四年）の中で、「綿積豊玉彦神の子穂高見之命を祖とする豪族で、海部を管轄していた」とし、「瀬戸内海の東西両端地域を主体として勢力のあった水軍豪族であった」と解説してゐる。安曇野といへば長野県の地名としても知られるが、そのことについて松根氏は「白村江の戦いで敗北したのちに、安曇氏が琵琶湖岸や信州に移住したことの名残」と推測してゐる。現在、長野県松本市の〝日本アルプス総鎮守〟と知られる穂高神社では、安曇氏の祖である綿津見尊、穂高見命とともに、「安曇（阿曇）連比羅夫」も御祭神として祀られてゐる。

翌九月、長津宮におはした皇太子は、百済王子・豊璋に織冠を授け、多蒋敷の娘を嫁がせた。多氏は古事記を編纂した太安万侶の一族である。そして狭井檳榔、朴市秦造田来津を遣はし、五千人もの軍を率ゐて、豊璋王を本国の百済に護送させた。入国後は、鬼室福信が迎へ、翌年五月に百済王に即位させてゐる。

『日本書紀』によると、十二月、豊璋と田久津との間に、白村江の河口付近の周留城（州柔城）から、内陸寄りの避城に移動するか否か、論争があつたことが伝へられてゐる。豊璋は兵糧の不足から、避城への移動を提起するが、田来津は避城が新羅に近いことを理由に反対した。結局、豊璋の意見が受け容れられ、避城に遷ることとなつた。ところが、田来津の懸念通り、避城は新羅に攻められることになつた。やむをえず、再び周留城に戻るといふ失態が演じられることになるわけだが、倭国・百済の同盟軍の連携の齟齬の一端を物語る逸話でもある。

社会思想社の叢書『日本古代文化の探求・戦』（昭和五十九年）に収録された井上秀雄の「白村江の戦い」に拠ると、「いわゆる百済救援軍の将軍たちは、朝鮮との関係をもつ氏族と新政権に快からざる氏族との組み合わせ」で構成されたものだつたといふ。前者には、阿曇比邏夫、河辺臣百枝、上毛野稚子らがをり、後者には、有間皇子の謀叛に荷担した守君大石、古人皇子の謀叛に関与した秦造田来津などがゐる。何やら二・二六事件に関つた皇道派の青年将校が、その後の支那事変で中国大陸に派遣されたといふ、昭和動乱期の出来事を彷彿させる。

天智称制二年（六六三）三月、前将軍に上毛野君稚子・間人連大蓋、中将軍に巨勢神前臣譯語・

三輪君根麻呂、後将軍に阿倍引田臣比邏夫・大宅臣鎌柄を派遣。二万七千人もの軍勢で新羅討伐にあたつた。その成果もあつてか、六月に、上毛野君稚子が新羅の二城を攻略するなど、それなりの戦功を挙げてゐる。

ところが、思ひも寄らない事態が起こる。百済復興軍内部で紛糾が勃発したのだ。鬼室福信と、豊璋が仲違ひし、よりによつて、総司令官ともいふべき福信が、百済王子・豊璋の命によつて殺害されるといふ事件が起きた。福信は優れた軍事指揮官であつたが、長年倭国での人質生活を送り、おそらく百済の国内事情にも軍事作戦にも疎かつた豊璋とは、そりが合はなかつた様である。

両者については、当初は百済滅亡以前の嘗ての義慈王と将軍・階伯との関係の様な緊密な連携が、百済復興軍の間でも期待されてゐたのではないだらうか。福信は軍略に長けた復興軍の将として、一度は滅亡した百済軍の再起を促し、豊璋は百済王族の象徴的存在であり、かつ救援に駆けつけた倭国との軍事同盟の橋渡しを兼ねるはずであつた。ところが、かうした想定外の事態もあつてか、百済軍も後援した倭国軍も、大いに士気が下がつたと考へられる。倭国救援もあつて、これまで勢ひを増してゐた百済復興軍の形勢は確実に衰へた。代つて唐・新羅軍の攻勢を許す事態になつてしまつたのである。

八月十七日、倭国軍と百済連合軍は、福信事件の影響もあり、十日遅れて漸く白村江に到着。周留城では、すでに唐・新羅連合軍が周囲を囲み、百七十艘もの唐の軍船が、白村江河口を埋め尽くさんばかりに軍列を成してゐた。そこで到着したばかりの倭国軍が、唐の水軍と衝突することになる。ところが、倭国軍船団は、開戦からわずか十日あまりにして唐新羅連合軍に大敗を喫してしまふ。

この時の敗北の様子について、『日本書紀』では、以下の様に描いてゐる。

戊甲（二十七日）に、日本の船師《ふないくさ》の初《ま》づ至る者と、大唐《もろこし》の船師と合ひ戦ふ。日本不利《ま》けて退く。大唐、陣を堅めて守る。己酉（二十八日）、日本の諸将と、百済の王と、気象《あるかたち》を観ずして、相謂《あひかた》りて曰く、「我等先を争はば、彼自づからに退くべし」といふ。更に日本の伍乱《つらみだ》れたる中軍《そひのいくさ》の卒《ひとども》を率《ゐ》て、進みて大唐の陣《つら》を堅くせる軍を打つ。大唐、便ち左右《もとこ》より船を夾《はさ》みて繞《かく》み戦ふ。須臾之際《ときのま》に、官軍《みいくさ》敗績《やぶ》れぬ。水に赴《おもぶ》きて溺れ死ぬる者衆《おほ》し。

さらに秦田来津が、天を仰いで誓ひを立て、歯を食ひしばつて怒り狂ひ、数十人あまりの敵兵を殺傷して、壮絶な最期を遂げてゐる。

以上が書紀での日本軍の攻略法と敗退までの記述だが、おそらく田来津と近しい者が現場を目の辺りにした記録が残つてゐたのであらうか、大変臨場感あふれる文章で再現されてゐる。また、ここで倭国側が、大敗の記録を決して隠蔽することなく記録し、正史に伝へてゐることも重要である。

倭国軍は、巨大な唐の軍船を前に、徹底的に攻めて、攻めて、攻めまくる、といふ戦法を採つてゐる。これはおそらく、斉明天皇時代の蝦夷征伐の際にも実行された作戦だつたのかもしれない。それに対して、岸上の新羅が騎馬戦で陸上の百済軍に応戦し、唐軍は、巨大な船で倭国軍を待ち伏せ、火を投じながら、集団戦で応じるわけである。本来ならば新羅軍対百済復興軍の戦闘であつたにも拘らず、両軍は陸上が主戦場となり、それを背後で支援したはずの唐と倭国が、海戦上で対決することになつたのである。これは両国の間で、ほんの数年前まで遣唐使船を送り、平和的な外交が機能してゐたことを想定すれば、考へられない軍事衝突だつたと思はれる。

すでに複数の史書でも指摘されてゐる通り、集団戦対個人戦での戦ひが、日本の敗因にもつながつたことは認めねばなるまい。圧倒的な強国の大軍を前に、勇敢にも一人一人攻めていつた倭国軍の健闘も虚しく、それが大国の唐の最新鋭の軍備には全く通用しないものであつたことは否めない。何やら元寇における蒙古軍と鎌倉武士団との対決、もしくは、大東亜戦争末期の特攻作戦を想起させるものがある。

大陸側の史書『旧唐書』に収められた「劉仁軌伝」では、「仁軌、倭兵と白江の口に遇ひ、四戦して捷ち、その舟四百艘を焚く。煙燄天に漲り、海水皆赤し」(原白文)と伝へてゐる。すなはち、この四回に及ぶ海戦で、倭国軍は船四百艘を失つて炎上。百済王・豊璋は、数名とともに船に乗り込み、高句麗へと逃れ去つたといふのである。

穂高神社の安曇比羅夫像

森公章氏は『東アジアの動乱と倭国』（吉川弘文館、二〇〇一年）の中で、白村江の敗戦の原因として、「唐から見れば、倭国側は小舟に過ぎない貧弱な兵備であった」のに対し、「一方の唐側は『戦船』、後代の史料に見える蒙衝・楼舡といった戦艦が配備されており、軍備の面で大きな較差が存した」ことを指摘してゐる。さらには「倭国には中央集権的律令国家未確立という国家段階の遅れが存した」と、軍事面のみならず国家成立期における両国の進歩の落差をも提起してゐる。もちろんこれは、唐側を「先進国」と認めた上での軍事力の較差といふことが前提の様である。

そのことについて、圧倒的な唐新羅連合軍を前にした百済救援への無謀さ、戦略上のミスや杜撰さなど、後世の人間が後知恵で指弾することはいくらでもできる。しかし、すでにこの百済の役の前に、蝦夷征伐に成功した倭国軍は、水軍に対して一定の自信があつた様に思はれる。さうしたこれまでの〝成功体験〟が、遠征慣れした大国の水軍に通用しなかつた面も否定できない。しかしながら、これを〝無謀な戦ひ〟だつたと一方的に裁断するのは、当時としてはできうる限りの軍船を総動員し、命懸けで友邦国の救援にあたつた祖先に対し、酷といふべきではないだらうか。「王朝水軍として白村江に動員された日本水軍は、作戦失敗で壊滅したとはいえ、全日本軍としてはかなり組織された軍事力であった」とする『海と水軍の日本史』（原書房、一九九五年）での佐藤和夫の指摘も見逃せない。

敗走する倭国軍は、各地で転戦中の兵士、及び亡命を希望する百済の移民を結集し、何とか帰国の途に着いた。百済移民を決して見捨てずに、一緒に連れて帰つてきたわけである。

## 尊朝愛国～大伴部博麻と日本人捕虜の帰還

百済救援の役においても、不幸にして唐の捕虜になつた日本人がゐた。例へば『日本霊異記』上巻第十七では、百済の役に参加した伊予国の越智直が、唐に連行された説話が伝へられてゐる。遠国の島で八人の仲間と帰国を願つて観音菩薩に祈り続けた。そして彼らは、ひそかに松の木で舟を作り、祖国への脱出を図つた。舟に菩薩像を安置した彼らは、見事筑紫への帰国を果たし、越智郡に寺院を建立。その観音像を祀つたといふのである。

また同じく『日本霊異記』の第七には、百済救援に遣はされた備後の三谷郡の先祖が、「もし無事に帰ることができれば、諸々の神たちのために伽藍を造り申し上げたい」と祈願したところ、遂に災難を免れ、百済の弘済禅師に勧請を受け、三谷寺を建立したとする説話を伝へてゐる。

百済の役からの帰還者といへば、とりわけ持統天皇紀に伝はる、大伴部博麻の話が印象深い。博麻は白村江敗戦後、唐軍に囚はれ、数人の捕虜と共に、故郷の筑紫から遠く離れた大陸の地での生活を余儀なくされた。「唐人の計る所」を耳にした彼らは、それを祖国へ奏上すべく、帰国の準備を計画したが、衣食もなく、路頭に迷つてゐた。そこで仲間の中で最も身分が低いと思はれる博麻が、自らを奴隷に売り、その金で四人の仲間を帰国させたといふのである。

この「唐人の計る所」が何を意味するか、不明の点も多いが、おそらく唐による倭国への遠征計画ではないかと考へられてゐる。例へば『三国史記』「新羅本紀第七」の文武王十一年（六七一）七月条に、文武王が高句麗遠征で活躍した武将・薛仁貴に宛てた長文の報書が引用されてゐるが、そこには総章元年（六六八）、「国家（唐）船艘を修理し、外には倭国を征伐し、其の実は新羅を打たんと欲する」といふ一節があることからも、唐・新羅両国間では、倭国の征討計画が認知され、それが現地で捕虜生活を送つてゐた博麻らの耳にも伝はつたのだらう。

すでに昭和五十五年に『立命館文学』で松田好弘氏が発表した「天智朝の外交について——壬申の乱との関連をめぐって」で指摘されてゐる様に、天智天皇十年（六七一）十一月に唐の国使・郭務悰が合計二千人もの大人数で四十七隻もの船で大宰府にやつてくるが、唐軍の捕虜となつた倭国の兵士も同乗してゐたと考へられてゐる。その中には、筑紫君薩野馬ほか、四人の博麻の仲間が含まれてゐた可能性がある。その理由として、高句麗討伐後に敵対した新羅を討つために、唐が「一千四百人にのぼる遣唐使関係者及び日本人捕虜を送還し、日本朝廷に対して軍事同盟を迫った」ことを、松田氏は想定してゐる。

当然時の近江朝政府はそれを断るわけだが、それを受けて直木孝次郎氏は、「近江朝末年における日唐関係」（講談社『古代日本と朝鮮・中国』昭和六十三年）の中で、「日本朝廷は郭との交渉の結果、身代金を払って千四百人に近い日本人捕虜を引き取った」といった考へを提起してゐる。

現在最も有力視されてゐる説の様だが、もしかするとこの時の郭務悰来日の際、かうした身代金だけでなく、唐人と倭人との捕虜交換が行はれた可能性があるのではないだらうか。例へば『旧唐書』「高麗伝」に拠ると、高句麗が三度にわたる隋からの侵攻を受けた後、六二二年、唐の高祖が高句麗の栄留王に対し、「今、二国の間では平和な国交を結んでおり、障害になるものはない。中国にいる高句麗人などはすでに探し求めているが、これらの人をつきとめることができれば送り帰そう。高句麗にいる中国人は送り帰すようにして欲しい」

といふ国書を送つたといふ（井上秀雄『古代朝鮮』NHKブックス、昭和四十七年）。書紀の斉明天皇紀の末尾にも、百済から唐人捕虜が近江国に送られてきたとする『日本世紀』の記述が引かれてゐることからも、もし嘗ての唐・高句麗間の様な捕虜の交換が行はれたとしたら、この天智天皇十年の郭務悰来日は停戦の一つの区切りとも考へられる。

博麻が帰国したのは、その三十年後のことである。西暦にして六九〇年九月二十三日。すでに持統天皇四年の御代であつた。十月二十二日、女帝はその「尊朝愛国」の心を労はれ、詔を下された。そして博麻は、官位や衣服、千束もの稲、水田などの褒賞を賜ることになるのである。これは、我が国史上、初の「愛国」の言葉の用例とされ、天皇が臣下に下した極めて異例の詔となつた。

博麻の話は、明治十五年に元田永孚によつて編纂された、宮内省の勅撰修身書『幼学綱要』の「忠節」の項の第一番に掲載され、横須賀鎮守の『精神教育参考書』にも取り上げられた。日米開戦の迫つた昭和十六年には、当時「奉公記念日」と呼ばれた七月一日に、ラジオ放送で時の首相・近衛文麿が演説によつて紹介してゐる。その内容は翌日の朝日新聞に掲載。さらに翌月、大政翼賛会宣伝部から『翼賛の道』といふ題で出版されてゐる。

近衛はこの演説の中で、博麻を「まことに『臣道実践』の生きた標本」と評し、「これを今日において生かして行かうとするのが、実に大政翼賛運動の根本の精神であります」と、時の時局に添ふ形でその「愛国」の精神を賞讃してゐる。

歴史学者の北山茂夫は『天智朝』の中で、この近衛の講話を「一九四〇年（昭和一五）の初秋」、横浜市鶴見区の隣組常会できいたと記憶し、回想してゐる。しかし、自身が「国史の先生」であつたことから、同席の隣人から「もつと詳しく話してほしい」といはれ、博麻の史実を知らなかつた彼は、苦笑するしかなかつたといふ。その後、昭和四十二年、『飛鳥朝』でこのことを告白。その著作を劇作家の山本有三に寄贈したところ、本人から電話があり、「君のふれた近衛の講話の原稿はじつは、自分が書いたのだ」と洩らしたさうだ。

しかしながらその一方で、昭和十六年といへば、その年一月七日、時の陸軍大臣・東條英機によつて、『戦陣訓』が発令された年でもある。その「生きて虜囚の辱《はづかしめ》を受けず」といふ余りにも有名な一節から、唐軍の捕虜となつた博麻の話は当初は国威昂揚に利用されたとはいへ、結果的に時の国策と矛盾するものになつたのではないだらうか。

むしろこの挿話から、誰しも思ひ浮かべるのが、戦後三十年を経て、外地から奇跡的な帰還を果たした横井庄一、小野田寛郎といつた元日本兵だらう。実際、戦後の白村江の研究文献でも、大伴部博麻を論じるにあたつて、このニュースと重ねて論じてゐるものはいくつか見られる。或いは博麻の長期間にわたる強制的な労働生活から、ソ連邦のシベリア抑留生活を想起した戦中派も少なくなかつたらう。それ故、本来戦時下における国威昂揚と結びつくはずだつた博麻の物語は、昭和における対外戦争の未曾有の敗戦といふ事実によつて、図らずも再発見された、といふ見方もできるかもしれない。

福岡県八女郡の大伴部博麻呂記念碑

博麻の墳墓がある福岡県八女郡上陽町北川内公園には、文久三年七月十五日、大宰府神社の神官・菅原永延の筆により、「大伴部博麻呂記念碑」が建てられてゐる。その両脇には『日本書紀』から持統天皇の「尊朝愛国／売身輸忠」の詔の一節とともに、背面には、『大日本史』「義烈伝」の全文が掘られてゐる。

幕末、真木和泉守の子、真木主馬（道文）は、『歌文会兼題探題』の中で、次の様な和歌を詠じたといふ。

敷島の大和まごころ言さへぐ唐国人にみせし君はも

大伴部博麻を詠じた和歌だが、この歌を評して日本浪曼派の詩人・柳井道弘は、「大伴部博麻の里」（『わが心の旅』天理時報社、平成十七年）の中で、「幕末から明治維新にかけて、皇国の危機激動の時代にあつて、よく回天の大業をなしとげた民間草莽の志士たちの心底には、悠久の神代から流れてつきない皇国の歴史への信実と回想があつた。上陽咩《かみやつめ》の地に大伴部博麻の顕彰の碑を建てたひとびとの心にも、博麻の郷の渓の水音の様に、ながれてつきない日本の歴史の信実がひびきかはしてゐたであらう」と評してゐる。博麻の魂が国家の危急存亡の秋にあつて、「七生報国」の如く、日本人の心に何度も再生し続けた証ともいへよう。

第四章

# 幻の湖都・大津宮

## 名曲「琵琶湖周航の歌」誕生秘話

われは湖の子　　さすらひの
旅にしあれば　　しみじみと
のぼる狭霧や　　さざなみの
志賀の都よ　　いざさらば

大正六年六月、当時京都の第三高等学校の学生だつた小口太郎によつて作詞された「琵琶湖周航の歌」である。飯田忠義氏の『琵琶湖周航の歌　小口太郎と吉田千秋の青春』（平成十九年）に拠ると、三高では明治二十六年以来、数日かけて琵琶湖を一巡りする「琵琶湖周航」といふ行事が行はれてゐたらしい。この歌詞でも京都にほど近い大津から出航し、今津、長浜、竹生島、比良、長命寺といつた周航コースで要所となる地名が登場する。

この一番目の歌詞の最後の行に登場する「志賀の都」について飯田氏は、「〔志賀の都〕は本来、天智天皇時代の都であった大津京のことをさすが、ここでは艇庫があり周航の出発地である大津市全体を表す言葉として使われている」と解説してゐる。その後、この曲は、昭和の初めには、三高生のみならず、一般にも普及し、旧制高校の制度がとうの昔となつた戦後においても、昭和四十年代に加藤登紀子氏がカヴァーしたことで再ヒット。国民的な愛唱歌として定着することになる。しかしながら、この「志賀の都」について、天智天皇の〝大津京〟を想ひ浮かべる人はさう多くはないかも知れない。もちろん「さざなみの志賀の都」といふ表現は、『萬葉集』の柿本人麻呂の「近江荒都歌」以来歌はれてきたものだが、作詞した小口太郎も、何らかの形でかうした和歌の修辞を意識したものであることは間違ひない。

曲は元々大正四年に、当時二十歳だつた吉田千秋が、「ひつじぐさ」の原題で、雑誌『音楽界』八月号に発表したものである。「ひつじぐさ」とは睡蓮の和名で、これも元はイギリスの原詩〝WATER-LILIES〟を、吉田本人が「ひつじぐさ」の訳で、大正二年に雑誌『ローマ字世界』に発表したものである。

先ほどの飯田氏の著書によると、作詞者の小口本人は、当初は小学唱歌の「寧楽の都」の節で「琵琶湖周航の歌」を構想してゐたらしい。この「寧楽の都」だが、一番は「奈良の都の、そのむかし、雅び尽くして、宮人の、遊びましけん、竜田川原の、紅葉葉……」に始まり、竜田川と紅葉の組み合せからも、如何にも華やかな天平時代の竜頭鷁首の貴人の舟遊びの様子が浮かんでくる。さらに二番目の歌詞では、「古き都の、その昔、桜かざして、大君の／遊びましけん、滋賀の、花園、花咲き……」とあり、〝滋賀の花園〟、しかも〝大君〟といへば、まぎれもなく近江朝の天智天皇以外考へられない。「琵琶湖周航の歌」の「志賀の都」も、大なり小なりの形で、この歌詞に影響されなかつたとは考へ難い。

作詞者の小口太郎は明治三十年、長野県生まれ。この琵琶湖周航においても、意外にも自分の故郷である信州の諏訪湖の原風景と重ねたものと考へられてゐる。

一方、原曲の「ひつじぐさ」を作曲した吉田千秋は、明治二十八年新潟県生まれ。幼少より肺結核を煩ひ、この曲を作曲した四年後の大正八年には二十四歳で急逝してゐる。大正三年に京都や伊勢を旅したといふ実兄による証言も伝へられてゐるが、吉田本人が実際の琵琶湖を目にしたかどうかは定かではない。

小口は三高卒業後、東京帝国大学の理学部に入学。物理学科で長岡半太郎らの指導を受けた。意外にも理系青年であつた様だ。在学中には、「有線及び無線多重電信電話法」の特許を日本のほか、欧州各国に出願してゐる。卒業後は帝大の航空研究所に入所。ここまでは当時のエリートコースを順調に歩んでゐる様に見える。ところがどういふわけか、一年後には研究所を退職し、実家の岡谷に帰郷。そして大正十三年、入院中の豊玉郡の病院で二十八歳で自殺してゐる。吉田とは二歳下にあたり、二人とも昭和の時代を見ることなく、その短い生涯を閉ぢたことになる。実に大正といふ同時代を青春期に呼吸した二人だが、実は全く面識はない。さらには吉田本人は、自分の作つた曲に、まさか生涯目にすることのなかつた琵琶湖を舞台にした歌詞が付けられる様になつたとは、夢にも思はなかつたに違ひない。人口に膾炙した曲ながらも、かうした数奇な運命を辿つたことからか、「琵琶湖周航の歌」の二人の作り手についてだけでも、数冊の伝記が上梓されてゐるほどである。

海曜社の『琵琶湖周航の歌　うたの恋』（平成八年）によると、「当時の寮歌（部歌）は、作詞に重点がおかれ、メロディは他からの借用が多かったこと。現在のように、作詞／作曲に著作権がともなうというような、商業主義の遠く及ばない。おおらかで、無心な若者たちが、自由に青春を謳歌していた時代背景」があつたといふ。長らくこの作品が「小口太郎作詞・作曲」とされたり、或いは「ひつじぐさ」の原詩から「イギリス民謡」とされてきたのは、そのためであらう。

元々小学唱歌の「寧楽の都」を念頭に作られてゐた小口作詞の「琵琶湖周航の歌」が、全く面識のなかつた吉田千秋の「ひつじぐさ」の節に結びついたのは、一体何がきつかけだつたか。

平成十六年にＮＨＫ出版から出された小菅宏氏の『「琵琶湖周航の歌」誕生の謎　作曲家・吉田千秋の遺言』によると、当時三高には「桜楽会」といふ合唱や器楽演奏に親しむ音楽同好会があつたといふ。そのメンバーの法文系の一部選出の谷口謙亮が、寮の代表で二年先輩の岡本愛祐から教はつたのが、この「ひつじぐさ」だつたといふのである。

谷口は一部選出の代表で、総代室で岡本と顔見知りとなり、岡本を通じて吉田千秋の「ひつじぐさ」の旋律を覚える様になつたといふ。作詞から翌年の大正七年の周航の際、小口の示した「琵琶湖周航の歌」を、谷口が岡本から教はつた「ひつじぐさ」の節に合せて口ずさんだところ、図らずも合致し、「クルーは今津の宿で一晩、肩を組んで放吟した」といふ。同時代において全く別行動で動いてゐた点と点とが、思ひがけないきつかけで、線と描くことになる。名曲「琵琶湖周航の歌」の実質的な誕生の瞬間である。

この様に、全く接点のない作詞家と作曲家とを結びつけた岡本愛祐だが、抑も岡本はなぜ「ひつじぐさ」を知つてゐたのか。そのことについて、三高出身で追悼文集『小口太郎と琵琶湖周航の歌』を編んだ安田保雄が、岡本本人に便りを送つたところ、次の様な主旨の返信が届いたといふ。すなはち大正三年入学の岡本のゐた隣の寮には桜楽会の会員がゐて様々な歌曲を歌つてゐた。音楽好きだつた岡本も、瀧廉太郎の「花」などの楽譜を借りては転写して歌つてゐたが、その中に「ひつじぐさ」もあり、総代室で知り合つた後輩の谷口らにこの曲を教へた、といふのである。

その後、東京帝国大学を卒業した岡本は、内務省に入省。大正十二年から昭和九年まで、十数年にわたり、宮内省で東宮侍従として昭和天皇にお仕へした。岡本を直接取材し、そのスローテンポの「ひつじぐさ」を聴いたといふ飯田氏の前掲書によると、「天皇の岡本に対する信任は厚く、満州事変が勃発した時に拡大を苦慮した天皇は、『それを思いこれを考えると夜も寝られない』と、その苦しい胸のうちを岡本に洩らされ」たさうである。

## 吉田東伍『大日本地名辞書』と『近江国風土記』

一つの歌をめぐつての、思ひがけない点と線はさらに意外な方向で結びついていく。何を隠さうこの吉田千秋の実父こそ、明治中葉にたつた一人で『大日本地名辞書』の編集執筆を手がけた吉田東伍にほかならない。吉田東伍の業績については、前述の飯田氏の『琵琶湖周航の歌』で、以下の様に紹介されてゐる。

東伍は独学で歴史学を学び早稲田大学の教授にまでなった歴史地理学者として、この分野の専門家以外にもその名を広く知られている人である。／五十三年余りのその生涯の中で、二十種四十五巻の著作と三百数編の論文を残しているが、最も高く評価されるのは『大日本地名辞書』であろう。／『大日本地名辞書』は日本には統一した地誌がないと感じていた東伍が明治二十八年、三十一歳の時に書き始め、十三年間をかけてほとんど独力で完成させている。全十一冊で通算五千二百ページになる同書の中で使われた活字は一千二百万字。これを原稿用紙にして積み重ねると四メートル半の高さになる。

簡を得て的確な紹介といへる。明治二十八年といへば、まぎれもなく、千秋が生まれた年。この年は日清戦争があり、東伍も読売新聞記者として、取材のため軍艦「橋立」に乗船中であつた。まさに日清戦争といふ明治維新始まつて以来の対外危機とともに、父・東伍が本邦初の本格的な地誌執筆に着手してゐたのだ。その意味では、日本の国家にとつても、東伍本人にとつても、大きな転機となる年に、吉田千秋が誕生したことになる。

『「琵琶湖周航の歌」誕生の謎　作曲家・吉田千秋の遺言』の著者・小菅宏氏も、この『大日本地名辞書』について、「全国各地の古い地名の由来、来歴をくまなく網羅した同書は、その後のわが国の地学界、史学界に多大な影響をあたえつづけ、記載された内容の貴重さは、一世紀を経た現在でも重版されている事実によって言いつくされるであろう」と、その偉業を、大槻文彦の『言海』、諸橋轍次の『大漢和辞典』匹敵する出版物として、歴史的意義も含めて特筆してゐる。

その生涯をほぼ地誌執筆に費やした東伍は、殆ど家庭を顧みる暇もなかつたと思はれる。しかしながら千秋が故郷の大鹿で愛用した文机は、元々東伍が吉田家に婿養子入りした際に、生家から持ち込んだものとされる。

この『大日本地名辞書』で東伍は、近江国について、「近江は近淡海《チカツアフミ》の仮借にて、遠淡海に対比して此名あり、遠淡海は即遠江国なり」と解説してゐる。風土記逸文に於いても「淡海《あふみ》の国は淡海《あはうみ》を以ちて国の号《な》となす。故《かれ》、一名《またのな》を細波《さゝなみ》の国といふ。目の前に、湖の上の漣漪《さゝなみ》を向ひ観るがゆゑなり」といふ一節が「陀山石所引浅井家記録」から引かれてゐるが、古くから近江といへば琵琶湖の上の「さざなみの国」として認識されてゐたことが窺へる。「淡海」とは古語では一般に湖を指し、琵琶湖の古称でもある。それが正式に「近江」といふ漢字二字で表記される様になつたのは、大宝律令が制定されて以降のことであり、古来の都であつた奈良、もしくは京都との距離を基準に「遠近」の位置が定められてゐる。

平成二十七年に、「滋賀県を『近江県』に改めよう」といつた地元の県議会での提案が話題になつたことがある。確かに県外の人たちからすると、「近江牛」とか「近江商人」といふ具合に、「滋賀」よりも「近江」のほうが文化的には馴染みが深いといふことだらうか。それに対して、遠江とは、駿河とともに現在の静岡の一部を指す。この「江」の字も元々大陸では大きな河を指す漢字だが、ここでは「淡海」同様、湖のことを指してゐる。いふまでもなく湖とは淡海では琵琶湖、遠江では浜名湖のことを指す。中世以降、漢文調に旧国名に「州」の字を当てはめることが定着していくが、例へば遠江は「遠州」で、「江州」といへば近江国のことを指し、「近州」とはならない。これも都周辺の畿内を中心とした地理感覚といへばそれまでだが、何よりも琵琶湖といふ国内最大の湖があることから、「江」といへば都人が琵琶湖と考へるのは極めて自然であつたに違ひない。

ただし「琵琶湖」の呼称はかなり後年のことで、いつから「淡海」から琵琶湖と称される様になつたかは定かではない。『大日本地名辞書』でも、「淡海又琵琶湖と号く、堅田より瀬多に至て狭く、形琵琶の鹿首に似たり、瀬多より宇治に至りて弥々細ければ海老尾にたとへたり、柱には竹生島あり、佐々木百万石は皆湖の潤沢なり」といつた『海道図会』の一節が引かれてゐる。東伍自身、「琵琶の名は何時代に起れりやを詳にせず」と、補注を施してゐることからも、現在の地名の由来は不明ながらも、〝楽器の琵琶とを逆さまにした形〟といふのは言ひ得て妙ともいへるだらう。そのイメージに合致したからこそ、現在に至るまで、自然と一般的な固有名詞として定着していつたのであらう。

現在の滋賀県の「滋賀」は、嘗ては「志賀」とも表記されたが、この「シガ」といふのは、一説に拠れば「石の多い場所」を表す「シカ＝石処」に由来するものださうだ。近江といへば琵琶湖の印象が強いが、一方で石が多い国でもある。例へば、紫式部が『源氏物語』の構想を練つたことで有名な石山寺も、京都と滋賀を結ぶ京阪電車石山坂本線の最南端に建立されてゐる。実際に現地に赴くと、その名の通りに、境内に崖の様な石の山が聳えてゐる。

近江の地はしばしば「湖国」と呼ばれる様に、琵琶湖の国として有名だが、萬葉以来「志賀の都」といふ歌枕にもなつてゐる。古歌に歌はれた「さざなみや志賀の都……」といふ表現は、琵琶湖のさざなみの様子とともに、石山を表す滋賀の都を並列させたといふ見方もできる。実はこの近江国、日本の首都になる可能性が、少なくとも天智天皇の近江遷都以外に、歴史上数回ほどあつた。

例へば奈良時代の聖武天皇の治世は、平城京のほかに、恭仁京、難波京と何回も遷都を繰り返した時代でもあつた。その中で紫香楽といふ都はまさにその地名の発音通り、滋賀県の琵琶湖の南東部に位置する。そして中世から近世の時代、室町時代の後は一般に安土桃山時代と、政権者の頭文字を取つて「織豊時代」ともいはれるが、その安土桃山時代の「安土」こそが、織田信長が近江国に築いた安土城に由来してゐる。

さらに時代を遡らせると、第十三代・成務天皇時代の志賀《しが》高穴穂宮《たかあなほ》も近江国にあつたことになる。この皇都は景行天皇・成務天皇・仲哀天皇の三代にわたり、現在、京阪電車石坂線の穴太駅近くには、景行天皇をお祀りする高穴穂神社がある。

特にこの東と西を結ぶ中央部に琵琶湖があり、その東西の激突地点であるのが、近江国の特色でもある。そのあとの壬申の乱も、実にこの大津を舞台にした事件である。天武天皇、当時の大海人皇子が、飛鳥よりさらに南の吉野から北上し、近江の瀬戸の唐橋で大友皇子と対決されたのが、この古代史上最大の皇位継承争ひの壬申の乱といふことになる。

関ヶ原の合戦も、この琵琶湖周辺が舞台となつてをり、天下分け目の争ひがこの地で展開されたことも、古くからこの近江が東西の交通の要衝の地だつたことと、無縁ではあるまい。

石山寺の多宝塔

## 大津宮遷都の謎

僧延慶の撰による『藤氏家傳』では、藤原武智麻呂が国司を務めた近江国について以下の様な記述を施されてゐる。

近江國は宇宙《あめのした》に名ある地なり。地は廣く人は衆くして、國は富み家は給《そな》はる。東は不破に交はり、北は鶴鹿に接し、南は山背に通じ、この京邑に至る。水海は清くして廣く、山木は繁くして長し。その壌《つち》は黒にして、その田は上の上なり。水旱の災いあると雖も、曾て穫れぬ恤《わざは》ひ無し。故《かれ》、昔、聖主・賢臣、此の地に都を遷し、郷童・野老、共に无爲《ぶゐ》を稱へ、手を携へて巡り行き、大路を遊び歌ひ、時の人咸曰く、『太平の代』と。これ公私往來の道にして、東西二つの陸《くが》の喉なり。

東西に通じた交通の要路にして四方は山に囲まれ、琵琶湖の水源にも恵まれた近江の地理的な位置関係や独自の風土を、簡を得て的確にまとめ上げた文面といへる。

中大兄皇子が飛鳥岡本宮から近江大津宮に都を移したのは、白村江敗戦から四年後の天智天皇六年、西暦にして六六七年のことであつた。翌年皇子は天智天皇として即位され、この大津の地で大化改新以来の諸改革を実行された。『聖徳太子伝暦』でも、太子が近江方面の寺社を視察した際、「吾死しての後五十年後、一帝王有りて、此處に遷都し、國治むること十年」と述べられたといふ挿話が伝へられてゐる。しかしながら、今日の歴史学界においても、大津宮遷都の理由に関しては、統一的な見解を得てゐない。

さらにこの大津宮は、藤原京や平城京に比べても非常に狭い敷地に建てられてゐた。現在大津宮址の近くには、天智天皇を祭神としてお祀りした近江神宮が建てられてゐる。その正確な位置関係は長い間不明で、古くから大津宮がどこにあつたか、論争が展開されたことがある。

古くは享保年間、膳所藩士の寒川辰清は『近江輿地志略』の中で、錦織村字御所之内を大津京跡とする説を紹介し、以降明治中葉までこの錦織が大津宮の有力候補とされてきた。

その後、明治末期に神官の木村一郎が滋賀里の「蟻之内」の地名から、「荒れの内裏」と解釈する説を提唱。さらに昭和に入り、現在の近江神宮の創設運動が活性化すると、天智天皇勅願の崇福寺、その御子孫にあたる桓武天皇が天智天皇をお偲びして建立したといふ梵釈寺の址を考古学者が実際に踏査。その両寺から、間接的に大津宮の位置を探るといふ方法が、戦前から戦後にかけての歴史学界の焦点となつた。

結果的に昭和四十九年、錦織遺跡が発掘調査され、巨大な掘立柱建物跡が検出されたことにより、近世以来の錦織説が考古学的にも証明されたことになる。公的に滋賀県教育委員会が大津市錦織地区を「大津宮址」と規定したのは、さらにその四年後の昭和五十三年のことであつた。

史蹟近江大津宮錦織遺跡

その大津宮の大極殿跡だが、現在、「史蹟近江大津宮錦織遺跡」として、すぐそばにある琵琶湖が見渡せる住宅街の立地にある。ただし、ここに平城京のような条坊制の都を造るとなると、どう考へても敷地面積的にも無理がある。

平成二十年三月、津市のＪＲ湖西線西大津駅が「大津京駅」と改称された。『日本書紀』においても「近江京」という記述があり、地元では、特に条坊制といふ形式にはこだはらずに、〝都〟としての「京」といふ言ひ方が定着してゐた様である。しかしながら、嘗ての近江宮にゆかりあるこの名称について、考古学の専門家から疑問の声も挙がつたことで話題にもなつた。現実の大津宮は、唐や後年の平城京の様に、行政組織としての京職や、住人を管理する条坊制の形跡が発掘されてゐないことから、「大津京」の名称は歴史的事実に反するといふのである。

吉川弘文館の『国史大辞典』に拠ると、大津が、東海・東山・北陸・山城・大和に通じる水陸交通の要地であることが指摘され、「琵琶湖西岸のこの平地は飛鳥京なみの京を容れ得る広さはあり」と、「大津京」説が取られてゐる。さらにここでは、「飛鳥よりも奥まった土地で白村江の敗戦と百済滅亡後の唐・新羅軍に対する防衛を主とする国内整備を図るために選ばれた都」であることが解説されてゐる。

ただ、この防衛説についても、近年では疑問が呈されてゐる。平成二十七年に、同じく吉川弘文館から出された、小笠原好彦氏の『日本の古代宮都と文物』によると、「大津遷都は軍事的な側面が重視されるが、大津宮周囲にはこれに関連する城塞を築いた記事はみられない」とし、「後に飛鳥から水陸交通に恵まれた難波遷都を断行したこと」を例に、「大津宮遷都にも水陸交通の要衝の地にある大津がもつ交通条件と豊かな資源をもつ地域に注目し、新たな宮司、官僚制の促進をはかろうとした」と述べられてゐる。つまり従来の消極的な意味での防衛の意味ではなく、「水陸要衝の地」への着目といつた、積極的な意味での遷都の意義を捉へてゐるわけである。

特にこの近江といふのは、琵琶湖の水資源があつたといふことで、都づくりの条件としても、琵琶湖の水源に注目されたことが考へられる。明治以降、京都では、琵琶湖疎水といふものが引かれてゐるが、琵琶湖の水路や水資源については、それより遙か以前から注目されてゐた様である。

異説としては、「近江の水と宮廷との関係」を指摘した折口信夫の学説が挙げられる。昭和二十五年の『日本文学啓蒙』の中で折口は、「中臣壽詞」から中臣氏一族と水との縁の深さに着目してゐる。「禊ぎの水を求めるのが中臣氏の役で、近江への遷都は謂はゞ、其時々に臨時に小さな水のもとで行うた行事の延長であつた」とし、陰陽道を手掛かりにして「水を掌る中臣氏の勢力が極端に増して来て、水を求めて、其地に宮殿を作るやうになつた」といふ独自の遷都説を打ち出してゐる。

いづれにせよ、大津は、難波とともに水陸交通の要衝地でもあり、外交ルートでもあつた。難波宮も本来さうした外交ルートも視野に置いて、大化改新を促進しようとしたはずである。これも孝徳天皇の時代に短期間で終了するが、奈良時代の聖武天皇の治世における難波遷都も、水陸交通での外交ルートを重視したことが、遷都の理由の一つとして考へられてゐる。

その意味でも大津は、確かに飛鳥から離れ、安全圏といふ意味合ひもあつたのかもしれない。一方でそのすぐ北には、若狭国の敦賀といふ現在の福井県経由で、半島や大陸に通じる海上ルートがあつた。ここから渡来人を受け入れたりすることで、最新の律令制度が導入されるわけだが、このルートを重視したとすれば、近江遷都の理由としては確かに説得力がある。

近江朝における唐風文化移入も、実質的には半島式で受容されることが多く、さらに琵琶湖から若狭湾・日本海を経由すれば、高句麗とも直接つながることができた。上田正昭も「大津宮遷都の考究」（岩波書店『論究・古代史と東アジア』一九九八年）の中で、「大津宮遷都の理由として、白村江の敗北による危機的状況に加えて、対高句麗とのつながりを意識しての遷都の要素を考慮しておく必要がある」と、特に高句麗との外交と遷都の関連について重視してゐる。これは白村江から高句麗滅亡までのわづかな期間であつたとはいへ、豊璋の様に白村江敗戦後、同盟国・高句麗に亡命することで、再起を図らうとした百済人も存在した可能性が高い。当時新羅や唐と敵対関係にあつた高句麗と連携することが、近江朝における外交政策の急務となつてゐたのかもしれない。

# 第五章　国土防衛の礎

## 朝鮮式山城と水城

白村江の戦での我が国の敗戦について、戦略上の不備や、時の大帝国を相手にしての無謀な出陣など、その敗因について、後世の人間が後知恵であれこれ分析することはいくらでもできるだらう。

すでに明治中葉に、竹越与三郎が『二千五百年史』の「空前絶後の国体改革」の中で、「唐はすでに戦術においては純乎たる文明節制の兵にして、日本軍の勇を競うて規律なきが如くならず、その戦艦武器もすでに長大、堅牢、精鋭にしてまた日本の比にあらざりしかば、両軍相遇ふや、日本軍利あらずして退く」と分析してゐる通りである。この当時、倭国が蝦夷征伐で腕を慣らし、新羅・百済に対して如何に優越した地位にあつたとはいへ、さすがの〝大唐帝国〟と直接対峙するまでは想定しえなかつたに違ひない。さらにそのために武備を整へる必要は、少なくとも百済出兵当時の時点ではなかつたといへよう。圧倒的な軍事力を誇る唐の実力については、おそらく遣唐使から或る程度の情報を得てゐたと思はれる。それでも時の遣唐使が、まだ友好関係にあつた唐との対決は想定してゐなかつたのは無理もあるまい。従つて当時の留学生たちが時の世界大帝国だつた唐を通じて、学問や律令制度を吸収したとはいへ、当時最先端の兵学を現地で学ぶこと自体、考へにも及ばなかつたに違ひない。

一方、竹越は、「日軍敗るるも、その勇武はこの一戦によりて唐軍に識認せられたれば、天智の八年に至り、唐帝その使郭務悰をして百済の遺民二千余人を日本に送らしむ」とも指摘してゐる。つまり時の倭国が勇敢に戦つたこと自体が、唐に対して充分示威行動を知らしめることができたといふのである。

平泉澄も昭和三十年十一月七日、近江神宮での講演「天智天皇百済救援の御事蹟に就いて」で、「若し天智天皇にして、すべてを利害の打算から計り給ひ、弱小国は亡びるに任せて、救援の乞ひは、棄て、顧みず、強大なる世界的勢力には膝を屈して敢へて服属の態勢を取られるといふことでありましたならば、百済出征の労も無ければ、白村江海戦の敗もなく、築城や遷都の煩も無く、外敵侵入の憂も無ければ、築城や遷都の煩も無かつた筈でありますが、同時に、日本の独立自主・博大義侠の、崇高尊厳なる精神は、失はれたに相違ありませぬ」と、その後の日本民族の精神に及ぼした、百済救援の役の歴史的意義を高く評価してゐる。あへて外征に踏み切り、危険を冒したことで、それに伴ふ痛みを強ひられたことは間違ひない。しかしながら、その結果、多くの犠牲を伴ひながらも、却つて日本の崇高なる精神が不動のものになつた側面も救ひ上げてゐるのである。

太宰府市の水城跡

敗戦後、天智天皇は唐・新羅による報復と侵攻に備へ、対馬・壱岐・筑紫といつた九州北部に水城といふ防衛施設を築かせてゐる。そして、大和の高安城ほか、長門・讃岐の要所にも城塞を設け、防人を配備してゐる。これらの防衛設備は、亡命百済人に築城させたことから、一般に「朝鮮式山城」と呼ばれてゐる。

今日でも北九州を訪れると、福岡県の太宰府市をはじめ、各地にこの水城跡が残つてゐる。白村江敗戦後、幸ひにして唐・新羅が攻めてくることはなかつた。ところが、この日本版〝万里の長城〟が、図らずも後の時代の或る大きな国難に再び役に立つ機会があつた。――蒙古襲来である。白村江敗戦より六百年もの歳月を経て、鎌倉後期、蒙古軍が北九州を攻めてきた折に、この遙か古代に天智天皇が造らせた水城が、国土防衛の最前線で活躍するわけである。換言すれば、蒙古襲来を撃退したのは〝神風〟のみではない。遥か六百年以前の天智天皇の御事跡が、国土防衛の守護神になつたとも考へられよう。これは軍事史といふ視点から見ても、実に興味深い事実である。

奈良時代に入ると、唐とも国交回復し、代つて天武天皇・持統天皇両朝において一時期良好だつた新羅との関係は次第に冷え込んでいくことになる。律令体制下における防人制度は継続されるが、この水城も、平時においては〝無用の長物〟扱ひされた時代もあつたのではないだらうか。

現在、太宰府市の菅原道真を祀つた太宰府天満宮から、大宰府政庁跡にかけては、各地に萬葉歌碑が建ち、この水城の他、朝鮮式山城の大野城跡、国分寺跡を散策できる。律令国家成立以降、嘗て筑前国は〝遠の朝廷〟ともいはれ、難波京とともに外交上の〝副都〟として重視された時代もあつた。その余波は奈良時代以降も続き、遣唐使廃止後、菅公が世を去つた平安中期には衰退の一途を辿つたものの、鎌倉時代以降も実質的な外交施設として、対外的な折衝の役割を果たしてゐた様である。

## 近江朝は唐の支配下にあつたのか

さて、今なほ九州のほか、瀬戸内海の各沿岸に点在し、中国・近畿の各地に残る朝鮮式山城であるが、その目的が白村江敗戦後の唐・新羅連合軍の侵攻に備へたものであることは、これまで述べた通りである。しかしながら、考古学者の田辺昭三は、『よみがえる湖都——大津の宮時代を掘る』（ＮＨＫブックス、昭和五十八年）の中で、「この山城は日本防衛のために築造されたのではなく、唐がその配下にあった百済の傀儡勢力を利用して構築した軍事施設ではなかったか」といつた、実に大胆な仮説を提示してゐる。田辺は登呂遺跡をはじめ、大津宮や平安京跡の発掘のみならず、須恵器の研究や水中考古学の開拓者としても実績のある碩学である。しかしながら、驚くべきことに「この天智朝にあらわれた朝鮮式山城から、太平洋戦争の敗戦後、たちまちのうちに日本各地へ設置された数百におよぶ米軍基地を想起するのは、いささか想像に過ぎるであろうか」とまで述べてゐるのである。

そして都を近江の大津宮に移した理由として、「近江遷都が白村江の敗戦を直接の契機として、唐、新羅との緊張した状況の中でおこなわれた」点を挙げてゐる。ここまでは定説通りなのだが、さらに「遷都そのものは中大兄政権の意志でおこなわれたわけではなく、それは戦勝国である唐の意向であり要求ではなかったか、と考えるわけである」とまで断言してゐるのは見過ごすわけにはいかない。ここまでくると、とても考古学者とは思へないほどの、恣意的な見解を展開してゐるのはいふまでもない。

実はかうした見方は、本書に限つたことではない。昭和四十七年の鈴木治著『白村江』（学生社）をはじめ、室伏志畔著『白村江の戦いと大東亜戦争』（同時代社、平成十三年）、さらに近年では中村修也著『天智朝と東アジア』（NHKブックス、平成二十七年）に至るまで、論者によつて程度の差があるが、白村江敗戦後の倭国が、戦勝国である唐の支配下にあつたといふ説はしばしば登場してゐる。しかも過去の研究史を十分に検討することなく、あたかも論者自身がさうした事実を初めて発見したかの様に展開してゐるのも、この手の史書に共通してゐる特色でもある。

様々な切り口、視点によつて、研究がより深まるのであれば、大いに結構である。しかしながらそれが、歴史作家による自由な発想ならまだしも、しつかりと大学教育にも携はる専門家の見解だとすれば、このまま看過するわけにはいかない。学者の権威によつて、これが今後〝定説〟として浸透していく様な事態も避けられないからだ。当然その手の本を読んだ一般の読者が、専門家の意見だからといつて鵜呑みにすれば、誤つた仮説が〝事実〟として一人歩きする恐れすら考へられる。況んや白村江前後といふ東アジアの各国が関与した戦争を扱ふテーマである。ともすれば近年の大新聞社による誤報事件や教科書問題にも見られる様な、国際的な歴史認識問題にまで発展しないとは限らない。

私見によれば、以下の点から、現時点において、白村江敗戦後における唐による倭国への直接、もしくは間接支配はありえなかつたと考へたい。

まづ確認しなければならないのは、唐の当初の目的は高句麗討伐にあつたことである。百済への攻略は、あくまで新羅からの要請に応じたまでであり、百済を滅ぼすことによつて、高句麗攻略を有利に進めるためであつた。いはゆる「遠交近攻」策であるが、それは高句麗征計計画の余波に過ぎない。唐はそもそも倭国への遠征については、始めから視野になかつたのである。むろん先に引いた「新羅本紀」での薛仁貴への文武王報書にもある様に、六六八年の時点において「倭国征伐」の計画はあつたかもしれない。さうした「唐人の計らひ」を想定したからこそ、近江朝時代の我が国は、九州から中国地方、近畿に至る瀬戸内海沿岸の各地に水城や朝鮮式山城を築き、防衛ルートを敷いたのである。しかしながら、隋の時代から唐に至るまで、あくまで自らを〝中華〟と名乗つた国にとつて、時の倭国は〝化外の地〟に過ぎなかつた。わざわざ唐が遠方から攻略しに行くだけの利点がなかつたからこそ、表向きは倭国征伐を装ひつつも、実質的には新羅との衝突を想定し、着々とその準備を進めていつた可能性があるといへよう。しかしいづれにせよ、唐が倭国を支配したといふのであれば、すでに羈縻体制下を敷いた敗戦国に対して、わざわざ遠征しに行く理由など、どこにもない。

唐の倭国遠征については、実は『日本書紀』の記述に批判的な中国人学者も、明確に否定してゐる。例へば平成二十六年に勉誠出版から刊行された『「日中歴史共同研究」報告書第1巻　古代・中近世史篇』に寄せられた王小甫氏の「七世紀の東アジア国際秩序の創成」では、『資治通鑑』や『旧唐書』の記述から、「白江口の戦いの後……勝利に乗じて倭軍を追撃し首都を脅かそうという意図はまったくなかった」と断言してゐる。「当時高句麗はなお『辺境の強国』であり、疲弊した唐軍は百済に駐屯し、その勢力に及ばないことを恐れているのに、わざわざ遠方の倭の国との間に波風を立てるわけがない」からである。当時の唐にとつても、倭国遠征が如何に〝国益〟といふ観点からも利点が少なかつたか。日本の歴史学界に批判的な中国本国の研究者からの報告だけに、より説得力を感じる。

また王氏は、『旧唐書』「劉仁軌伝」の「仁軌遇倭兵於白江之口」の記述の「遇」の字にも注目し、「唐軍にとっては白江口で倭軍と戦闘が起こったことは全くの予期せぬ事態であった」とも述べてゐる。その根本原因として、「唐朝が東アジア戦略の重点を南ではなく北に、倭ではなく高句麗に置いていたため、君臣上下の誰もが倭国や倭の兵を意に介していなかったからだ」と考へるからである。改めて唐側の百済侵攻の目的と、倭国側の百済救援の経緯、また日中双方の歴史学者が捉へた戦闘目的の相違が浮き彫りになつた報告といへよう。

この点については、高句麗・百済からの侵攻から防衛すべく、唐に援軍を求めた新羅においても変りはない。例へば『三国史記』の金庾信の列伝でも、白村江海戦後、文武王が倭人たちに対し、「われわれと汝の国とは海を隔てて疆界を分けていて、これまで交戦したことはなかったばかりか、友好を結び和親を講ずるなど、互いに聘問し交通してきたのに、どうして今になって百済とともに悪をはたらき、わが国を謀ろうとするのか」（金富軾訳）とまで述べてゐる。つまり倭国との軍事衝突が、これまで友好関係にもあつた新羅においても、全く思ひがけない出来事だつたことが窺へるのである。

もちろん我が国の正史である『日本書紀』が、自国に都合の悪い事実を隠したといふ考へもできなくはない。しかし、書紀は白村江での〝敗戦〟といつた事実を、新旧の唐書や『三国史記』よりも遥かに詳しく報告してゐる。また、朝廷における〝失政〟と思しき政策についても、謀叛や失火、天候や動物などの異変、童謡などで暗にほのめかしてゐるのだ。正史だからといつて、自国礼讃一辺倒の歴史を描いたわけではあるまい。ましてや今よりも遥かに情報が制限された時代である。本当に自国の都合の悪い事実を隠したのであれば、百済出兵についても大本営発表並みに「連戦連勝」と虚報を書き立てることは、いくらでもできたはずではないだらうか。

さらに『日本書紀』は、対外的に我が国の建国の歩みを示した書物でもある。編纂当時、国内で文字が読めた日本人は極限られてゐたであらう。当然、海外からの目に触れる機会が想定できた。記紀が編纂された奈良時代初頭は、白村江の戦からわづか半世紀を過ぎた時代である。むろん直接の戦争体験者はかなり減少してゐたであらう。それでも国生み神話の歴史から建国の歴史を遡つた史書といふことを踏まへれば、大化改新から白村江、壬申の乱に至る時代は、当時の人々にとつて、充分〝現代史〟に相当するものだつたと考へられる。もし唐による倭国支配が事実であつたら、その様な事実隠蔽はすぐ見破られるし、書紀編纂者がかうした海外からの視線を意識しなかつたはずがない。

昭和四十九年に国民文化研究会から『白村江の戦―7世紀・東アジアの動乱』を刊行した夜久正雄も、その年の『アジア研究所紀要』に発表した「拙著『白村江の戦』史料摘要」の中で、「『日本書紀』（七二〇年）は『旧唐書』（九四五年）や『三国史記』（一一四五年）よりもはるかに古く、その中には当時の記録ともいふべき『百済紀』とか『日本世記』とか『伊吉博徳書』とかいふものまで含んでゐるのであるから、東洋史の見地からも重要文献とみるべきであろう」と述べてゐる。今日あまりにも『日本書紀』の史料的価値が相対化された感があるが、実は白村江の戦を知る史書としては最も古く、引用された文献一つとつても、今では直接触れることのできない貴重な史料の宝庫なのである。

その点については、すでに白鳥庫吉も大正九年十一月に、『撰進千二百年記念日本書紀古本集影』に発表した「東洋史上より観たる『日本書紀』」の中で、「朝鮮半島のことについても、朝鮮自身に於いては滅びてしまった古書、例へば『百済記』『百済新撰』、『百済本記』といふやうなものが、『日本書紀』に多く引用せられてゐますので、『日本書紀』によってはじめて朝鮮の歴史を知ることの出来る場合が少くない」と述べてゐる。

今日、日本国内のみならず、実は東アジアの歴史研究における『日本書紀』の史料の貴重さは、あまりにも軽視されてゐる感がある。おそらく戦前まで『日本書紀』が過大評価されてきた反動なのだらうか、戦後の歴史学界においては、まづは『書紀』の記述から疑ふことを前提に議論が進められてゐる印象を受ける。しかしながら、残念ながらかうした夜久や白鳥の様な学者の見識が、あまりにも見過ごされてきた結果、大事な物まで見失はれてしまつた感もある。

## 「筑紫都督府」と大宰府の成立

『日本書紀』の天智六年（六六七）十一月の件には、「筑紫都督府」といふ謎の記述が、百済の「熊津都督府」と並列される形で登場してゐる。後年の大宰府の前身にあたる施設の様だが、「都督府」といへば、唐が羈縻体制下にあたつて、被支配国に敷いた軍事施設である。半島においても、同盟を結んだ新羅には鶏林都督府、百済滅亡後、熊津都督府、高句麗滅亡後には安東都督府などが敷かれてゐる。その点について、中村修也氏は『天智朝と東アジア』の中で、「百済や高句麗の敗戦後の状況を考えれば、日本にも都督府が置かれる状況はじゅうぶんにあったと解するべきではなかろうか」と提起してゐる。七世紀に唐に敗れた百済や高句麗同様、白村江敗戦後の日本に「筑紫都督府」が敷かれたであらうと考へるわけである。そこには、「大国と戦って敗戦すれば、占領支配を受けるといった戦争の法則から外れることはない」といつた〝戦争の常識〟が前提とされてゐる。確かに我々の知る第二次世界大戦時の日本の敗戦と照らし合せれば、「日本は敗戦したが、唐の占領は受けずに、唐と友好関係を保ち、唐の律令を導入して国力の充実をはかった」といふ論理には不自然さが残るのは否めない。さうした〝定説〟に対して疑問が生じるのも、至極当然だといへよう。

しかしながら、そもそもさうした事実があるならば、大陸側の正史である『旧唐書』『新唐書』、半島の『三国史記』に、それに該当する記述が一切ないのはどういふわけか。新羅や百済、高句麗にせよ、都督府が敷かれたのであれば、必ずそれに該当する記述が書き込まれてゐる。まして戦勝国側の唐や新羅が、「倭国への支配」といふ〝事実〟を隠蔽する理由などあるまい。

書紀の「筑紫都督府」については、岩波文庫の『日本書紀』の補注においても、「原史料にあった修飾がそのまま残ったもの」としてをり、依然として謎である。もちろん国内外の正史から漏れた可能性もあらう。それでも正史以外の伝承や木簡などの断片的な史料などに、何らかの痕跡が伝へられて然るべきではないだらうか。

例へば押部佳周氏は『日本律令成立の研究』（塙書房、昭和五十六年）の中で、「これは鎮将の要求を入れ、部分的であろうが都督府制の導入を名目上容認したことを示すものであろう」と推測してゐる。百歩譲つて「筑紫都督府」が〝事実〟だとしても、唐が支配したのは筑紫周辺のみなのか、それとも近畿にまで及んだのか。仮に日本を〝占領下〟においたとするなら、唐はいつ撤退したのか。滅亡させた百済や高句麗に対してさへも、唐はしばしば復興軍の反乱に悩まされてゐる。その後新羅との対立が鮮明になると、唐は各都督府を移動、もしくは撤退させてゐるのだ。もし日本に対して都督府が敷かれたのであれば、戦勝国が被占領地からの反乱でもない限り、さう易々と撤退することなど、ありえないはずである。

「筑紫都督府」の用例は天智天皇六年条の一例のみであり、その後律令制下の大宰府成立まで、後にも先にも見られない。倉住靖彦氏の『大宰府』（教育社新書、昭和五十四年）では、「都督府は大宰府の唐名として用いられるが、本来的な意味は軍政府であり、史料的にはこれが唯一の用例である。当時の緊迫した状況が筑紫大宰に重大な影響を与え、駐在地の移転とともに、機構的にも整備が進められたであろうことは十分に考えられる」と推察してゐる。古代からの我が国における外交姿勢を辿つた『善隣国宝記』に拠ると、天智天皇三年四月に、唐使・郭務悰が対馬に到着した際、伊吉博徳が「日本鎮西筑紫大将軍」の牒を渡して、入京を拒否したといふ『海外国記』の記録が引用されてゐる。そこから倉住氏は、都督府と「大将軍」との関連に着目し、「後に『書紀』編纂にさいして、同条にもみえる熊津都督府に模して筑紫都督府という名称を創出したのではないだろうか」と説明してゐる。必ずしも明確な解答にはならないかもしれないが、筑紫大宰がその後の律令制度における大宰府成立の前身と考へれば、最も穏当な解釈といへるだらう。

以上の点から「筑紫都督府」について、以下の様な私見を提示するに留めておきたい。わが国の律令国家における大宰府の歴史は、推古朝の時代から我が国の外の玄関口の役割を果たしてきたと推定される「筑紫大宰」の時代に遡る。ところがその筑紫大宰が、百済救援の役を境に軍事的側面を強めることになつた。その結果、当時の外交担当者が、筑紫大宰の軍事施設化に伴ひ、対外的に呼称するのにあたり、半島の各地に設立された「都督府」に該当する施設と解釈し、臨時的に記述して残されたのが、この「筑紫都督府」だつたのではないだらうか。——これが現時点での筆者の見解であるが、もちろんこれも憶測の域を出ないものである。唐による倭国支配を示す史料がなく、尚かつその後「都督府」が大宰府の漢名として菅公の時代まで並称され続けた、といふ実状を鑑みれば、いづれにせよ「筑紫都督府」は、あくまで筑紫大宰から大宰府設立までに使用された一時的な呼称に過ぎまい。

何よりも六六八年の高句麗滅亡まで、倭国と高句麗との交流、もしくは両国の同盟関係が継続されてゐた事実をどう見るべきか。『旧唐書』「劉仁軌伝」に、天智天皇四年（六六五）八月、百済の熊津で、劉仁願のもと、旧百済王子の扶余隆と新羅の文武王との間で、和親のための会盟儀式が行はれた。その際、劉仁軌の上表文に「陛下もし高麗を殲滅せんと欲せば、百済

**大宰府政庁跡**

の土地を棄つべからず……倭人遠しと雖も、また相影響す」と綴られてゐる。唐が百済を滅ぼしながらも、百済と倭との関係に対して、依然として警戒を解いてゐない状況が察せられる。

唐が倭国に羈縻体制を敷いたのであれば、唐にとつて依然として敵対国であつた高句麗との外交を許すはずなどあるまい。白村江敗戦後、少なくとも二回にわたる高句麗からの使者は、書紀編纂者による粉飾とでもいふのであらうか。だとすれば、東国各地にある高麗郡などの集落をどう説明するのか。

そもそも「敗戦＝占領」ではない。第二次世界大戦での日米間の戦争においても、周知の通り、我が国は昭和十八年のミッドウェイ海戦以来、ソ連参戦に至るまで敗北を喫してきた。しかし、ミッドウェイで敗北してから、即時に米国による日本支配が始まつたわけではない。その後のガダルカナル撤退、ラバウル戦、絶対国防圏の最前線にあたるサイパン侵攻以降は、本土空襲、そして沖縄上陸、広島・長崎への原爆投下……と、米軍は日本軍の抗戦に遭ひながらも、段階を踏んでから本土上陸を果たしてゐる。そして数々の終戦工作をたどつてから、漸くGHQによる占領政策を実施してゐるのである。

七世紀の東アジアにおいても、唐は百済や高句麗に対して、何度も攻撃を加へながらも、その都度抵抗に遭ひ、現地での徹底攻略を果たしてから、漸く羈縻支配に至つてゐる。ましてや倭国本土から遠く離れた異国の地での軍事的敗北である。しかもそれは、あくまで百済という同盟国への後方支援といふ形をとつたまでである。海戦で唐と倭国が直接対峙したことはあつても、それも実質的には、百済対新羅の代理戦争だつたに過ぎない。いはば第二次世界大戦後の冷戦下における朝鮮戦争、ベトナム戦争が、事実上米国とソ連との代理戦争であつたとすれば、唐と日本との戦は、さうしたイデオロギーすら介在しないものであつた。

確かに倭国は、唐との直接対決によつて海戦での大敗を喫した。しかし失つたのは、あくまでそれまでの半島経営における権益や優越的地位であつて、本土そのものが攻撃の被害に見舞はれたわけではない。もちろんそれでも、これまで大陸から朝貢関係からは距離を保ち、新羅・百済において優越的な地位にあつた倭国にとつて、白村江での敗戦は大きな損失であつたことは変りあるまい。

以上、この問題についてこれ以上立ち入るのは控へるが、今後「唐による倭国への羈縻支配」を「事実」認定されるまでには、国内外の複数の史料、考古学的成果の発掘などが必要条件である。しかしながら、今のところその可能性はゼロに等しいといつてよい。

例へば百済の最後の王都だつた、韓国の扶余の定林寺の石塔の第一層には、「大唐平百済国碑銘」と刻まれた碑文が残されてゐる。百済滅亡当時の唐軍が戦勝記念に刻んだものだが、同様の仕打ちを倭国に施さなかつたのはなぜか。唐が倭国に羈縻支配したのであれば、「大唐平倭国碑銘」の様に、何らかの物証が遺されて然るべきではないか。それとも壬申の乱の戦禍で破壊されたとでもいふのだらうか。

比較文学、比較文化、比較思想……といつた具合に、異なる対象を複数並べて比較検証しようとする場合、類似点だけ並列させせて分析するのは適切ではない。両者に類似点があるとするならば、全く同一の内容でもない限り、譬へ小異であつても必ず相違点を見出す手続きが不可欠である。況して千三百五十年以上もの年月の離れた古代史と現代史である。本書の主題にも関はる問題でもあるが、自戒の意味も込め、現代の戦争の論理を以てして、遙かに時空の推移した古代を裁断する弊は慎しまなければならない。

## 高句麗滅亡と新羅の半島統一

白村江の敗戦後、古代東アジアの国勢情勢は大きく変化した。嘗て高句麗をクーデターで乗つ取ることで独裁的な専権をほしいままにしてゐた泉蓋蘇文が六六五年に急死。三人の兄弟たちによる後継争ひとなつた。そのことに付け入り、唐は高句麗への攻勢を急速度で進めていく。国内外の争乱で弱体化してゐた高句麗に、嘗ての半島最大の強国の面影はなく、その滅亡は時間の問題だつた。

六六八年、唐にとつては長年の悲願ともいへる高句麗征伐を漸く果たすことができた。それについては倭国もつかさず、高句麗平定祝賀の使者を遣はせてゐる。このことは、事実上、これまでの倭国と高句麗との同盟関係が揺らぎ、戦勝国となつた唐との国交回復に向け、模索が始まつたことも示してゐよう。

すると今度は、唐と新羅の共通の敵が存在しなくなり、唐はそれまで連合を組んでゐた新羅をも支配下に置かうとした。それに反発した新羅は、今度は高句麗遺民と手を組み、唐が支配する旧百済領に攻め入る。白村江の戦からわづか五年にして、遂に唐と新羅との間にも亀裂が入りはじめたのである。倭国が唐・新羅の連合軍の侵攻を覚悟して、急進的な改革を推し進めるために実施された近江遷都だが、その後の唐と新羅との対立により、結果的に連合軍が攻めてくることはなく、幸運にも国難は回避されたわけである。

そのことによつて、日本は幸ひ、両国の巻き添へを喰らふことなく、外敵からの侵入の危機を回避することができたことになる。それはあたかもアメリカとソ連が第二次世界大戦当時、連合国で同盟関係だつたのが、イタリア、ドイツに続いて日本が敗れた後、冷戦時代が始まり、嘗ての連合国対枢軸国の対立から、資本主義対社会主義といつた東西対立への移行

**埼玉県日高市の高麗神社**

していく過程を髣髴させるものがある。何かと複雑に絡み合ふ古代東アジアの世界情勢だが、あへて冷戦後の国際関係と比較すれば、当時の実態を理解しやすいかもしれない。

高句麗滅亡後、半島統一を果たし、三韓一の弱小国から強大国となつた新羅と、当時最大の大帝国でもあつた唐とは、激しく対立する様になつた。さうした中、白村江以降の我が国は、戦闘での敗北後にも関らず、唐とも新羅とも双方、対等な関係を結ぶことになる。むしろ倭国は、その後、隣国との外交そのものにも距離を置き始めた、といつた方が実情に即してゐるかもしれない。さういつた世界情勢もあつてか、我が国は白村江敗戦後も、比較的安定した立ち位置を確保することができたのである。

天智天皇の近江朝時代の約五年間は、確かに昭和の敗戦後の米国による占領下七年に匹敵する、極めて緊迫した期間にあたるかもしれない。そして、あまりにも目まぐるしく変化する国際情勢とともに、外圧との葛藤、急速度による新文明の移入に明け暮れた時期でもある。さうした中、他国からの直接支配を受けることがなかった当時の我が国の奮闘は、各国の思惑や東アジアにおける日本の地勢的距離など、様々な偶然が作用した結果とはいへ、もっと見直されてよいはずである。

# 第六章　近江荒都と壬申争乱

## 三輪山をしかも隠すか～額田王と蒲生野遊猟

不思議なことに、『古事記』には、日本の山の象徴ともいふべき富士山が登場しない。その代りに、大物主神と少名彦にまつはる大和国の三輪山の神話が出てくるわけである。三輪山といふのは、飛鳥時代の日本人にとつて、最も象徴的な山でもある。西国方面が中心地だつた古代の日本人にとつて、心の山といへば駿河の富士ではなく、大和の三輪山だつたのだ。近江遷都にあたつては、『萬葉集』の額田王の次の歌が大変有名である。

三輪山をしかも隠すか雲だにも心あらなも隠さふべしや

この歌では、その古代人が長らく親しんできた三輪山から、遠く近江国まで離れてしまつて、雲さへ山の姿を隠してしまつた、といふ近江遷都当時の大和人の心情が吐露されてゐる。こんな寂しい思ひをしてしまふのは、心無いことである――そんな急激な遷都への違和感とともに、三輪山への思慕の込められた歌でもある。

因みに比叡山麓の門前町・坂本に建つ日吉大社の地主神は大山咋神だが、その西本宮には、天智天皇が大津宮遷都の際、大神神社より勧請したとされる大物主神が祀られてゐる。

額田王といへば、近江朝時代に集中的に名歌を残してゐるが、特に額田王と天武天皇、大

大神神社

日吉神社

海人皇子の間で、蒲生野で贈答されたといふ次の歌が有名である。

近江鉄道八日市線に市辺といふ無人駅のある寂しい場所に、万葉の森船岡山公園がある。そちらがこの蒲生野の推定値の一つとして、「あかねさす」のやりとりをモチーフにした文学碑と、額田王とともに中大兄皇子、大海人皇子を描いた大きなレリーフが建てられゐる。

あかねさす紫野行き標野行き野守は見ずや君が袖振る
額田王

紫草のにほへる妹を憎くあらば人妻ゆゑに我恋ひめやも
大海人皇子

もともと額田王は、大海人皇子とは元恋人の間柄でもあるのだが、その後に兄宮の中大兄皇子の妻のひとりに迎へられることになる。それを「人妻ゆゑに―」と詠み込まれた歌といふことで、さうした三角関係が、壬申の乱のきつかけになつたのでは……といふことが、嘗て古代史家や萬葉学者の間でしばしば言及されてきた。

中大兄皇子も嘗て九州遠征の際、播磨国印南国原に寄航した際、次の様な歌を詠まれてゐる。

香具山は畝傍を愛しと耳成と相争ひき　神代よりかくにあるらし　いにしへもしかにあれこそ　うつせみも妻を争ふらしき

これらの詠歌から、伴信友の『長等の山風』附録の「三山考」では、「かの三山の喩歌の事に始まりて、御兄弟の御中のしたには親睦からず、つひに壬申年のゆゝしき諱事も、それにきざせるにはあらじかとさへに、かしこくもおしはかり奉られてなむ」と結ばれてゐるほどである。今日から見ればいささか深読み過ぎる印象があるが、実は明治以降の歴史学者の間でも中大兄皇子と大海人皇子の確執の原因を、額田王をめぐつての三角関係から探る向きは少なくなかつた。むろんそれは乱の性質を矮小化するものでしかなく、今の古代史研究者はもちろん、国文学者の大部分も今やこの説を採る方が少数派であらう。

これらの贈答が詠まれたのが、琵琶湖南東の蒲生野といふ地域である。山本健吉・池田彌三郎の『萬葉百歌』(中公新書、昭和三十八年)での解説にもある様に、天智天皇七年(六六八)五月五日に、この蒲生野で遊猟が行はれ、その時の宴席で戯れに詠まれた歌と考へられてゐ

**蒲生野での遊猟を描いた万葉の森船岡山のレリーフ**

る。

七月には高句麗から使者が貢ぎ物を進呈し、新たな筑紫大宰卒に栗前王を任命。近江国内で軍事演習が実施されるなど、白村江後の緊迫した情勢が察せられる。一方、『藤氏家伝』には、天智天皇即位後に「朝廷事無く、遊覧是れ好む。人に菜色無く、家に余蓄有り。民咸太平なる代を称ふ」との記述もあり、近江朝では狩猟や酒宴を興じたり、詩歌や学芸に従事するなど、その後の『萬葉集』や『懐風藻』を形成されするだけの文化的余暇も確保できてゐた様である。

因みに戦国時代に蒲生氏郷といふ武将がゐたが、その名の通り、まさにこの地域の出身者でもある。高句麗滅亡後には、この蒲生野へ多数の亡命百済人が移住し、遷都計画もあつた様だが、これもその後の天智天皇崩御もあつて頓挫してしまふ。ともあれ、かうした更なる遷都計画からも、大津宮が決して都としての永住を企図したものではなく、白村江敗戦後の臨時的な首都であつたことも推測できる。

## 鎌足薨去と天智天皇崩御～改新時代の終焉

『藤氏家伝』の「鎌足伝」に拠れば、ある時帝が群臣を集めて、琵琶湖畔の高楼で酒宴を開いた際、大海人皇子が長槍を持ち上げて、敷板を刺し通されるといつた事件を伝へてゐる。帝は驚き、大いにお怒りになり、皇子をお手討ちしようとされたが、鎌足の諫止によつて、何とか事無きを得たといふことである。伝記の性格上、鎌足の〝臣徳〟を強調する挿話と考へられてゐるが、後に壬申の乱の際、大海人皇子が、「鎌足が存命であれば、自分はこの様な困苦に至ることはなかつただらう」と述懐されたさうである。当時の周囲の人々も同様の感慨を抱いたであらう。

天智天皇八年（六六九）十月、大化改新以来、信頼を置いてきた忠臣・中臣鎌足が病に伏した。天皇親ら中臣家にお出ましになり、その時鎌足からは「生きては軍国に務無し。死しては何ぞ敢へて重ねて難《なやま》さむ」と述べたといふ。十年前の百済救援で何らの軍事的貢献を成し遂げることが叶はなかつたことに対し、鎌足自身も自責の念を感じてゐたのだらう。鎌足が身罷る直前、帝は大海人皇子を中臣家に遣はし、大織冠と大臣の位を授け、さらに「藤原」の姓を賜つたといふ。

天智天皇十年（六七一）正月五日、大友皇子を太政大臣、蘇我赤兄を左大臣、中臣金を右大臣とし、さらに蘇我果安・巨勢比等・紀大人が御史大夫といふ補佐役に任じられた。

十月、愈々重篤となられた天皇は、病床に大海人皇子を召されて、後事を託さうとされると、皇子は再拝の上、病を理由に固辞された。そして倭姫大后に称制を託された上、諸政については太政大臣たる大友皇子に託される様奏上された。さらに親らは出家して吉野で修業に従事される旨を伝へられた。倭姫王は古人大兄皇子の皇女。古人大兄皇子も乙巳の変の後、皇位を託されながら固辞され、出家して吉野へ隠棲されたが、その後謀叛の疑ひで誅殺されてゐる。大海人皇子の吉野入りについて、「虎に翼を着けて放てり」と評する者もあつたとされる。その際武器を返上したとはいへ、誰しも四半世紀前の古人大兄皇子の事件を想ひ起こしたに違ひない。

十一月二十三日、大友皇子をはじめ、蘇我赤兄、中臣金、蘇我果安、巨勢比等、紀大人といつた五人の重臣たちが、内裏西殿の仏像の前で、天皇の詔を承ることに誓ひを立てた。同様に二十九日も天皇の御前で誓ひを立て、次世代への体制作りを念入りに固められた。

十二月三日、遂に天皇は近江宮にて崩御された。その御最期について『水鏡』では、「帝御馬に奉りて、山科へおはして、林の中に入りて失せ給ひぬ。何くにおはすといふことを知らず、たゞ御沓の落ちたりしを、陵には

山科の天智天皇御陵・御廟野古墳

こめ奉りしなり」と描かれてゐる。『扶桑略記』に同様の記述があり、それを元に創られたものだが、何やら不穏な兆しを暗示させるものがある。

実は天智天皇は、天智八年夏五月と十月に、しばしば山科へ狩りに訪れられてゐる。考古学者の森浩一の『萬葉集に歴史を読む』（ちくま文芸文庫、二〇一一年）によると、「山科は宇治（兎道）郡の最北にある郷で、この地一体に藤原鎌足の山階（科）の陶原《すえはら》の家があり、その一角に釈迦三尊を祠る山科精舎があった」とされる。この寺を後に奈良に移したのが山階寺。すなはち現在の興福寺である。鎌足が病床に伏す中、天皇は自らの終焉の地も求められてゐたのだらうか。

青旗の木幡の上を通ふとは目には見れども直《ただ》に逢はぬかも

木幡とは宇治郡南端の地名である。「青雲が旗のやうに棚引く空の上を、あなたの魂が行き来してゐるのは私の目には見えるのですが、直接お逢ひできないのは、何とももどかしいことです」――天智天皇の大后・倭姫王の挽歌である。天皇崩御後、大友皇子が太政大臣に就かれる間、倭姫王が称制を務められたといふ説も一頃有力視されてゐた。

天智天皇崩御の後、殯の際、次の様な童謡《わざうた》が広まつたといふ。

み吉野の　吉野の鮎　鮎こそは　島傍《しまへ》も良き　え苦しゑ　水葱《なぎ》の下《もと》　芹《せり》の下　吾は苦しゑ

その頃、吉野で仏道修行に励まれてゐた、大海人皇子の御心境を、吉野川の鮎に託して詠んだ歌とされてゐる。

## 大海人皇子の蜂起～壬申の乱勃発

天智天皇十年（六七一）晩秋、皇位継承を固辞された大海人皇子は、兄帝との約束通り、吉野で仏道修行に従事されてゐた。天智天皇崩御後は、第一皇子の大友皇子が太政大臣となり、事実上の近江朝廷の中心的な存在として政務に就かれてゐた。

ところが翌年六月、山科にて御陵造営を口実に、近江朝廷による吉野への包囲網が進められてゐることを側近から告げられた。身の危険を感じた大海人皇子は、着の身着のままで東国入りを果たされる。本拠地の美濃をはじめ、伊勢、伊賀、尾張から兵を徴集。

六月二十六日、不破の関で高市皇子に陣を敷かせ、近江朝廷への進撃を開始した。その時、伊勢の天照大神を遥拝し、戦勝を祈願されてゐる。

一方、近江方では対応が後手に回り、吉備や筑紫太宰も吉野方に回り、思ふ様に兵を召集することができなかつた。近江朝廷を守らうとする士気にも欠け、それどころか吉野方へ寝返る者が続出した。何よりも東国を吉野方に封鎖されたことが、決定的な敗因へと導いた。一時は近江軍も飛鳥古京の戦で挽回するも、激戦の末、吉野方の美濃からの援軍による反撃で、後退を余儀なくされた。

決戦は七月二十二日、大津宮より南端の琵琶湖流域を流れる瀬田川が舞台となつた。現在「瀬田の唐橋」で知られる近江八景の一つだが、当時の瀬田橋は今の唐橋よりやや南に架けられてゐた。まさに東西の交通を結ぶ要衝そのものであり、この橋を渡り切れるか否かが両軍の勝敗を決定づける鍵となつた。

男依軍が瀬田に到着。一方、大友皇子とその群臣たちは、共に橋の西側に陣営を敷き、その背後が見えないほどの大軍を為してゐた。

川幅は矢の射程距離を超え、しばらく両軍は川を挟んで身動きがとれない様子だつた。近江方では、百済からの亡命者と推定される智尊が、精兵を率ゐて先鋒を防いでゐた。近江軍では、橋の中を一旦切断し、三丈ばかりにして、一枚の長板を置き、大綱で繋ぎ合せた。橋板を渡る者があれば、すぐさま板を引いて、川に突き落とす、といつた戦法である。しかしかうした企てはすでに吉野方にも見破られ、両軍の睨み合ひはしばらく続いた。

一人、その仕掛けに気づいた大分稚臣といふ勇士が、長矛を捨て、敵方からの矢を防ぐため、鎧を重着して、一気に橋板を踏み渡つた。すぐさま板に着けた綱を切り、矢を受けつつ

大津市の弘文天皇御陵

瀬田の唐橋唐橋

も敵方の陣に突入した。それに勢ひをつけた吉野軍は、一気に稚臣に続いた。

　予想外の展開に恐れをなした近江軍は総崩れとなり、智尊も逃げ惑ふ味方の兵をも斬りつけたが、時既に遅かつた。智尊は橋の辺で斬られ、橋を渡りきつた吉野軍は目標の大津宮をめざした。

　翌二十三日、わづかな側近たちとともに辛うじて逃げきられた大友皇子は、山前まで追ひつめられた。この「山前」については、古くは大津の長等山と推定されてきたが、現在では京都の山崎といふ説が有力視されてゐる。そして自ら首をくくられることで、二十五年の短い最期を遂げられた。大友皇子の首級は実検の上、大海人皇子に差し出された。その後、大海人皇子は飛鳥古京に戻り、浄御原で即位された。天武天皇である。

　近江攻略の際、敵方と区別するため、吉野軍が身にまとつたのは赤い布だつた。赤は、嘗て楚の項羽軍を破つて漢の高祖となつた劉邦の旗印の色でもある。

## さざなみの古き都〜柿本人麻呂と近江荒都歌

後年、大津宮は、どこで造営されたのかも、わからなくなるほど荒廃していく。それだけ壬申の乱以降の歴史的断絶が大きかったわけだが、歌の世界といふものは不思議なものだ。近江の都は歌枕となり、萬葉集をはじめ、その後、平安時代以降、鎌倉時代に至るまで、「さざなみの古き都」といふ形で詠まれ続けてゐるのである。特に有名なのはこの柿本人麻呂の「近江荒都歌」である。

玉襷　畝傍の山の　橿原の　日知りの御代ゆ　生《あ》れましし　神のことごと　樛《つが》の木の
いやつぎつぎに　天の下　知らしめししを　天《そら》みつ　大和をおきて　あをによし　奈良
山を越え　いかさまに　念ほしめせか　天離《あまざか》かる夷《ひな》にはあれど　石走る近江の国の　楽《ささ》
浪《なみ》の　大津の宮に　天の下　知らしめしけむ　天皇《すめろぎ》の　神の尊《みこと》の　大宮は　此処《ここ》と聞け
ども　大殿は　此処と言へども　春草の　茂く生ひたる　霞立つ　春日の霧《き》れる　もも
しきの　大宮処《どころ》　見れば悲しも

反歌

楽浪《ささなみ》の志賀の辛崎幸くあれど大宮人の船待ちかねつ
楽浪の志賀の大曲淀《おほわだ》むとも昔の人にまたも逢はめやも

近江の海夕波千鳥汝が鳴けば心もしのにいにしへ念ほゆ

「玉襷畝火の山の」といふ歌ひ出しだが、神武天皇の時代からの「橿原の日知の御代」といふ具合に、皇室の歴史を初代から遡つて歌はれてゐる。その後、「いやつぎつぎに」と皇統が続いてきたわけだが、「いかさまに念ほしめせか」と疑問が投げかけられてゐるのである。これに対して、人麻呂は天智天皇の遷都を批判してゐるといふ見解もあるが、挽歌でこの様な疑問を呈するのは常套表現でもあり、必ずしも批判ではないといふ見方もある。ただそれでも、先に触れた通り、大津宮に対する遷都には、当時から反対は強く、失火事件も起きたほどだ。額田王の「三輪山をしかも隠すか」の歌にもある通り、それらを踏まへた上で、「いかさまに念ほしめせか」といふ疑問が投げかけられるのも、決して不自然ではあるまい。

大津宮址の柿本人麻呂・近江荒都歌碑

ところが、この歌が詠まれたのは、すでに持統天皇の御代となつてゐる。わづか近江朝の時代から十年も経たないうちに、「大宮は此処と聞けども　大殿は此処と言へども　春草の茂く生ひたる」といふ具合に、非常に荒れ果てた姿に様変りしてしまつてゐるといふことだ。

北山茂夫は『柿本人麻呂論』（岩波書店、一九八五年）の中で、持統天皇の志賀行幸について「六八九年一月から六九六年七月までのあいだの或る年にとりおこなわれた」と推定してゐる。かなり大まかな範囲にも見えるが、『日本書紀』の限られた史料からの考察と踏まへれば、相当推定時期は狭まつてゐると考へられる。いづれにせよ、壬申の乱から二十年前後の範囲であり、一人の人間が一世代前を回想させ、かつ懐古の情を感じさせるには、充分な期間といへよう。そして、この作品の主題について、「近江宮の創設者でありその唯一人の主人公でもあった天智天皇は、人麻呂の奉仕した女帝の生父」であることに着目し、「いま、女帝がしたしく二十年まえに、その父のかたわらで栄華に輝いた日々をすごした志賀の故地を訪れて、どのような感慨にうたれていたかを、人麻呂は、余人よりもはるかに深く看取していたにちがいない」と忖度してゐる。まさに天智天皇の面影とともに、近江朝時代の大宮の様子を知る旧臣なればこそ、その時代の移ろひゆく変化をも詠み込むことが可能となつたといふ見方もできるだらう。

そして、「ももしきの大宮どころ見れば悲しも」といふ結句で、その喪失感は頂点に達する。すでに人麻呂の時代ですら、近江は嘗ての都の面影を失ひつつあつたのだ。況して後の世の歌人たちで「近江」と聞いて、明確に想像できる者は誰もゐなくなつてゐた。とはいへ、近江といへば、かういつた荒れた都、懐古の情とともに悲しみをももよほす歌枕として、人麻呂の萬葉歌が定着させた意義は大きい。

「近江荒都歌」といへば、高市黒人の詠んだ次の歌も広く知られてゐる。

古《いにしへ》の人に我あれや楽浪の故き都《みやこ》を見れば悲しき

楽浪の国つ御神のうらさびて荒れたる都見れば悲しも

これは単に嘗ての都の建物が荒廃しただけではない。都に坐した国津神の神々の力も衰へてしまつたといふ、さういつた精神的な嘆きも詠み込まれてゐる様である。壬申の乱から数十年の歳月を経て、嘗ての近江朝の時代は、大津宮の廃墟とともに、すつかり懐旧の情を誘ふ象徴的存在となつてしまつたのである。

## 昔ながらの山桜かな～長等山と平忠度

やがてこの「さざなみの都」のイメージは、平安期の勅撰和歌集の時代にも引き継がれる。その代表的なものとして、薩摩守と呼ばれた平忠度が詠んだ、次の歌が広く知られてゐる。

さざなみや志賀の都はあれにしをむかしながらの山ざくらかな

本歌は忠度が都落ちする前に、日頃詠み置いた歌の中から、特に秀歌と思はれるものを百余首ほど書き集めた巻物を持参して、藤原俊成に託したものである。その様子は「忠度都落ち」のこととして、『平家物語』にも描かれてゐる。その中から「故郷の花」といふ題で、「読人知らず」として、『千載和歌集』に収められたのが、この作品である。

その後の平家滅亡の流れを暗示させる様でもあり、作歌の背景を勘案すれば、その趣は一層哀感深いものがある。これも表向きは、昔の都が荒れてしまつて、その様子を嘆いた歌ではあるが、その代り、桜は昔のまま残つてゐるといふ、人心の変遷と自然の永遠を対比した作品でもある。

この歌の解釈で焦点となるのは、この「昔ながらの山ざくらかな」といふ、「ながら」といふ地名である。長等山といひ、地元でも桜の名所でもあるさうだ。この長等山のすぐ近くに大友皇子のみささき、つまり弘文天皇陵がある。現在は大津市役所の裏庭にひつそりと佇んでゐるが、考古学的には、実際に大友皇子の御陵かどうかは疑問視されてゐる。ともあれ、忠度の歌は、この長等山の地名を明らかに踏まへてゐることがわかる。

長等山は、天台宗寺門派の総本山、園城寺の地としても知られてゐる。別名・三井寺ともいはれるが、これは天智天皇・天武天皇・持統天皇の三代の天皇の産湯として使用された霊泉が境内にあることから、「御井の寺」と呼ばれたことに由来する。

伴信友の『長等の山風』では、元は、弘文天皇がその皇子の與多王に遺詔して建立させた

近江神宮付近の平忠度歌碑

天智天皇・大友皇子をお祀りした石坐神社

寺であるといふことを考証してゐる。しかしながら、この大友與多自身、弘文天皇の皇子であるといふ確証はない。ただ、三井寺の栞に拠ると、「天武天皇より『園城』の勅願を賜り、『長等山園城寺』と称した」のが創建の由来といふことになつてゐる。

大津には、近江神宮以外に、御霊神社や石坐《いはゐ》神社の様に、大友皇子や天智天皇をお祀りした神社がある。歴史を感じさせる古社だが、創建時期は不明だ。ただ、少くとも天武天皇が壬申の乱の敗者を鎮魂したといふ話や、大友皇子の祟りを怖れたといふ話は聞かない。

さらに驚くべきことに、千葉県の君津市には、大友皇子の流離伝説が伝へられてゐる。壬申の乱を生き延びた大友皇子が総洲まで逃れ、この地で再び大海人軍との戦闘が行はれたといふのだ。君津市内の白山神社は大友皇子が御祭神で、その傍には古墳が聳えてゐる。ただし、考古学的には白鳳期より後の時代と考へられ、大友皇子本人の御陵であるかどうかは、確証に乏しい。ともあれ、壬申の乱の伝承が、近畿周辺ばかりでなく、関東近辺まで広まつたと考へると、この古代史上最大の皇位継承争ひが、全国規模であつたといふことを偲ぶことができる。

壬申の乱から約六百年。果たして忠度が、大友皇子を意識してこの歌を詠んだのか、想像力を広げると解釈の可能性が広がつていく。つまり平忠度が、『日本書紀』を読んでゐたかどうかといふ問題でもあるのだ。

斎藤英喜氏の『古事記はいかに読まれてきたか』（吉川弘文館、平成二十四年）に拠ると、すでに『日本書紀』が成立した翌年の養老五年（七二一）に、貴族の間で「日本紀講」と呼ばれる講読会が行はれてゐた。その様子は、鎌倉以降になるが初の書紀の注釈書『釈日本紀』でも窺ふことができる。ただその後も、ほぼ三十年ごとに講書が開催されてゐるが、康保二年（九六五）の第七回の「康保講書」以降、摂関政治の台頭とともに途絶えてゐる。しかしながら、その後も、例へば紫式部も「日本紀の局」と呼ばれてゐた様に、かうした講読会とは別に、貴族の間で書紀が読み継がれてゐたことも考へられる。当然ながら、武家にして王朝文化を初めて身につけた、平家の忠度も、書紀を繙いた可能性は充分考へられよう。この歌はおそらく、壬申の乱で敗れた大友皇子と、これから源氏と対峙することになる自分たち平家の運命とを重ね合せてゐるのは間違ひなからう。

自分たち平家一門は、やがて源氏との戦において滅びていくであらう。けれども「読人知らず」の形であれ、この遺志を『千載和歌集』といふ歌集に記せば、歌は永遠に後世の人々に読み継がれることになる。この歌を後世に託すことによつて、平家の心は永遠に魂を宿すことができるといふことだ。人間の生命は有限である。しかし、作品は永遠である。創作に於ける至上の喜びとは、限りある人生に、作品を通じて永遠の生命を吹き込むことにあるのではないか。

関東を基盤に置く源氏によつて、西海の平家が滅ぼされた治承寿永の乱は、東国から出兵した新興勢力によつて、近江朝廷の短い栄華が滅ぼされた壬申の乱の、再現＝反復に他ならなかつた。その遺志は、源実朝の『金塊和歌集』にも継承されてゐる。

　さざなみや志賀の都の花盛り風よりさきに問はましものを

驕る平家も久しからず。しかし、治承寿永の乱で勝者となり、鎌倉に幕府を築いた源氏の運命も例外ではなかつた。志賀の都の花盛りは、その様子を知らせてくれた風により、やがて散る運命にあつたのだ。

　さざなみの大津の宮の址に生ふる草も枯れたり雪降りしかば

大化改新千三百年祭にあたる昭和二十年一月に、歌人の吉井勇が詠んだ「近江神宮讃歌」の一首である。この当時、まだ大津宮址は発掘されてゐない。降り積もる雪が、近江神宮にほど近い、大津の宮址に生える草をも枯れさせ、近江荒都の時間的経緯をさらに強調させてゐる。

壬申の乱から数十年にして、すでに〝幻の都〟となつてしまつた大津宮。その心は萬葉人に〝さざなみの都〟と歌はれることで、後の時代へと引き継がれた。そしてそれは、六百年の歳月を経て、平家の落人に歌ひ継がれ、滅びゆく近江の都の運命を自らに重ねて出陣に臨むことになつた。同時にそれは近江に古き都の印象を与へ、永遠の魂を宿すことになつた。その魂は、「さざなみの滋賀の都よ、いざさらば」と歌ひ込まれた「琵琶湖周航の歌」に至るまで、人々の潜在意識へと底深く流れていつたといへよう。

# 第七章　天智天皇鑽仰の歩み

## 大化改新千三百年祭

大東亜戦争末期の昭和二十年（一九四五）一月二十五日。滋賀県大津の近江神宮にて、高松宮殿下、同妃殿下の御台臨を仰ぎ、大化改新千三百年祭が斎行された。時の滋賀県知事・菊地盛登以下、各界千三百名の参列を得、高松宮殿下、同妃殿下の御歌を元に作曲された「志賀舞」が舞はれた。更に式典の後、夕刻からこの千三百年祭奉賛会の名誉会長を務めた近衛文麿による記念講演が行はれた。

式典の際、大阪放送管弦楽団によつて、弘田龍太郎作曲による奉賛歌が演奏された。

はるかなる代を仰ぐ　はるかなり　大化の文化
照り美《ぐは》し　滋賀のさゞれ波　見のよろし滋賀の花園
神の代に　人の代つぎ　天地の中今と
神ながらしろしめす　滋賀の代の聖の憲法《みのり》

作詞は民俗学者・折口信夫によるものである。後に「淡海歌」といふ題で改作され、第一詩集『古代感愛集』に収められるこの作品は、文語自由詩の形式をとりながらも、萬葉以来の長歌の韻律を受け継いでをり、「あたら代の　昭和の御代の民として　仰ぐも尊《たふと》　滋賀のすめろぎ」といつた反歌形式で結ばれてゐる。

「滋賀の代の聖の憲法《みのり》」とは、天智天皇の御代に制定された近江令を指してゐるのであらう。近江令についてはその原典が残つてをらず、その存在を否定する歴史学者もゐる。しかしながら、後の大宝律令、養老律令に継承される我が国の法典の嚆矢が、律令国家の礎を築かれた天智天皇の時代に確立されたと見るのは、決して不自然ではあるまい。

慶雲四年の元明天皇即位の宣命にも「是は関《かけま》くも威《かしこ》き近江大津宮に御宇《あめのしたしらしめ》しし大倭根子天皇の、天地と共に長く日月と共に遠く改るましまじき常の典と立て賜ひ敷賜へる法を、受け賜り坐して行ひ賜ふ事と衆《もろもろ》受け賜りて、恐み仕へ奉りつらくと詔りたまふ命《おほみこと》を衆聞きたまへと宣《の》る」とあり、以降、聖武天皇、桓武天皇即位においても天智天皇の御名を冠して「不改常典」を掲げる宣命の形式は、明治維新に至るまで歴代の皇位継承における慣例的な文案となつてゐる。

この「不改常典」については、現在の皇室典範にあたるものと採る説が有力であるが、後の律令の出発点ともなつた近江令と捉へる説もある。いづれにせよ、奈良朝以降の歴代の皇位が天智朝に定められた法典を意識して継承されてゐるのは誠に興味をそそるものがある。

## 『懐風藻』と近江朝文学

秋の田の刈り穂のいほの苫をあらみわが衣手は露にぬれつつ

改めて紹介するまでもなく、『小倉百人一首』一首目の天智天皇御製である。目崎徳衛の『百人一首の作者たち—王朝文化論への試み—』（角川選書、昭和五十八年）によれば、この歌については『萬葉集』巻十雑歌に「秋田刈る仮廬を作りわが居れば衣手寒く露そ置きにける」といつた類似した歌が収められてゐることが、すでに近世初頭の北村季吟の『百人一首拾穂抄』でも指摘されてゐる。その後『後撰和歌集』秋中に「題しらず　天智天皇御製」として収められ、さらに藤原定家によつて『小倉百人一首』に採録されることになる。ただ、天皇御自身が真の作者かどうかはすでに早い段階で疑問視されてをり、例へば契沖の『百人一首改観抄』では、「これは土民の我にて、天子の御身をおし下して、またく土民になりて、辛苦をいたはりてよませ給ふ」としてゐる。さうした中、荒岩宏奨氏は「百人一首のみやびと藤原定家の精神」の中で、「国風の根幹となる田仕事の歌を中興の君であらせられる天智天皇の御製と位置づけたところ」に大きな意義を見出してゐる（『国風のみやび　国体の明徴と天業の恢弘』展転社、平成二十七年）。

天智天皇といへば、一般的に歴史教科書でいふと、まづは中臣鎌足とともに、〝大化改新の立役者〟としての中大兄皇子像を想ひ浮かべる人も多いであらう。その一方で、一般的な家庭においても、正月の遊戯として親しまれてゐる『小倉百人一首』の巻頭が天智天皇のこの御製であることからも、国語教育でも広く国民に敬愛されてきた経緯が存在する。この『百人一首』の御製一つ取り上げても、天皇親ら民衆の農事を思し召した御心が偲ばれ、君民一体の政事《まつりごと》の一端が伺へるのである。

光仁天皇から今日に至るまで、天智系による皇統譜が続き、大化改新の功労者でもあられた天智天皇は、その後も〝中宗〟と仰ぎ奉られてきた。ところが近世以降、天智天皇に対する史家の評価は大きく揺らいでゐる。儒者は改新以後の中大兄皇子の強権的な政策断行の動向を論ひ、国学者においても〝漢風〟による急進的な諸改革を疑念視する向きもあつた。

では、その崩御より半世紀以上を経た奈良時代以降、天智天皇はどの様に評価されてきたのか。まづは本邦初の漢詩集として知られる『懐風藻』の序文を紹介したい。

『懐風藻』が成立したのは天平勝宝三年、西暦でいへば七五一年にあたる。編者については諸説があり、有力な説として淡海三船といふ漢詩文に詳しい学者が擬せられてゐる。如何なる人物かといへば、壬申の乱で敗れた、大友皇子の曾孫に当たるとされる。当然ながらこの「淡海」といふのも、琵琶湖の「淡海」から来てゐるのだらう。

『懐風藻』以外にも、三船には大きな仕事をもう一つ遺してゐる。現在でも定着した歴代天皇の諡号である。例へば現在我々は、歴史上の人物として、通常は「天智天皇」「天武天皇」

といつた諡号を用ゐるが、それも実は、淡海三船が天平時代に初めてお贈りしたものとされてゐる。かうした歴史的な業績も、漢籍に対する並々ならぬ知識抜きでは成し遂げられないものであるとすれば、確かに『懐風藻』の編者に比しても引けを取らない人物であらう。
そして、三船がもしこの『懐風藻』の序文を書いたとしたら、物語としても非常に劇的なものを感じさせる。なぜならこの「淡海」といふ氏姓もさることながら、曾祖父にあたる大友皇子が活躍された近江朝に対する思慕、さらにはその父帝にもあたる天智天皇に対する強い思ひが、『懐風藻』序文から読み取ることができるからだ。
さてこの序文だが、単なる漢詩集の前書きを超え、何よりも応神天皇朝における王仁の渡来以来、漢籍や大陸文化がどの様にわが国に受容されてきたかといふことが、非常に的確に要約されてゐる。そんなところにも、大きな歴史的価値があるといへよう。

逖に前修を聴き、遐く載籍を観るに、襲山に蹕を降す世、橿原に邦を建てし時に、天造艸創、人文未だ作らず。神后坎を征し、品帝乾に乗ずるに至りて、百済入朝して龍編を馬厩に啓き、高麗上表して、烏冊を鳥文に図しき。王仁始めて蒙を軽島に導き、辰爾終に教へを譯田に敷く。遂に俗をして洙泗の風に漸み、人をして齊魯の學に趨かしむ。

例へば冒頭では、「逖《はる》かに前修を聴き、遐《とほ》く載籍を観るに」から書き起こされる。これは、

「遙か遠い昔の先人の言葉や書物を伺ふ」ほどの意味である。それに続いて、「襲山に蹕《ひつ》を降す世」とある。これは瓊瓊杵尊の天孫降臨を指してゐる。さらに「橿原に邦を建てしとき」、これは地名からも明らかな様に、神武天皇の御代のこと。その時に、まだ「人文いまだ作《おこ》らず」といふ様に、まだ文字が伝はつてゐないので、いはゆる今日でいふ様な〝文学的な世界〟が存在しないといふ経緯が述べられてゐるのである。

そして「王仁始めて蒙を軽島に導き」と、百済入朝以降、渡来人の王仁を通じて、初めて文字が伝はつたといふ史実が述べられてゐる。「辰爾《しんに》つひに教へを訳田《をさだ》を敷く」とあるが、訳田といふのは、敏達天皇がお住まひになられた宮を指してゐる。漸くこの時代に、王辰爾といふ人物から文物が伝はつて、日本人も文字を意識する様になつたといふわけだ。

聖徳太子に逮んで、爵を設け、官を分ち、肇めて禮義を制す。然れども専ら釋教を崇めて、未だ篇章に遑あらず　淡海先帝の命を受くるに至るに及びや、帝業を恢開し、皇猷を弘闡して、道乾坤に格り、功宇宙に光れり。

「聖徳太子に逮んで、爵を設け」といふのは、冠位十二階のこと。ここで官を分かち、初めて礼儀を制したことになる。いはゆる律令制度の発端が、聖徳太子の時代に始まる。ところが、「然れども、専ら釈教を崇めて、未だ篇章に遑《いとま》あらず」と続く。つまり仏教を崇めて、詩文を作る余裕もなかつたといふことだ。その後、「淡海先帝」が登場するわけだが、「淡海」はまさに近江朝の舞台で、いふまでもなく、天智天皇のことを指してゐる。その御事蹟について、「淡海先帝の命を受くるに至るに及びや、帝業を恢開し、皇猷を弘闡して、道乾坤に格《いた》り、功宇宙に光れり」といふ具合に鑽仰されてゐるわけである。具体的には、大化改新で蘇我氏の勢力をそいで、また天皇親政に復されたのが、中大兄皇子といふことになる。そのことによつて、天皇の御稜威《みいつ》が、宇宙にあまねく広がつてゐるといふことである。

その次に、この近江朝時代に漢詩文といふものが伝はつてきて、華やかな文化を築いていつたといふ経緯が述べられてゐる。

　是に於いて、三階平煥、四海殷昌、旒纊無為にして、巖廊暇多し。文學の士を旋招し、時に置醴の遊びを開く。此の際に当りて　宸瀚文を垂れ、賢臣頌を獻ず。雕章麗筆、唯百篇のみにあらず。但し時、亂離を經て、悉く煨燼に從ふ。言の湮滅を念ひ、軫悼して懷ひを傷む。

「三階平煥」は、壮大な宮殿のこと。「四海殷昌、旒纊無為にして、巖廊暇多し」といふのは、四方の海が栄えて、天下が太平となり、険しい廊下にも隙間ができるほどの余裕ができたといふこと。これはおそらく白村江以降、漸く世の中が平穏となり、ゆとりができる様になつたといふことだらう。古代における外征での敗戦といふ未曾有の危機を遭遇しながらも、漸く落ち着いて、詩人を招いて宴を開くなど、華やかな宮廷文化を開くことができる様になつたといふことだらうか。

ところが、「ただし時、乱離を経て、ことごとく煨燼《わいじん》に従ふ。ここに湮滅を念ひ、軫悼《しんとう》して懐ひを傷む」と続いてゐる。ここでは、実は近江朝にあつたあまたの文物が、壬申の乱においてことごとく失はれてしまつたといふ歴史的転換が、この一行で描かれ、慨嘆されてゐる。同時に「茲より以降、詞人間出す」ともあり、大津皇子から藤原不比等に至るまでの華々しい漢詩人たちが、この近江朝において登場したことも触れられてゐる。

そして章末部分で、『懐風藻』を編んだ理由が述べられるのである。

「遠く淡海よりここに平都におよぶまで、およそ一百二十篇、勒して一巻と成す」とある様に、つまり近江朝から奈良朝に至るまでの漢詩百二十編を集めて、一巻にまとめようといふわけである。

「余この文を撰する意《こころ》は、まさに先哲の遺風を忘れざらむとするがためなり」と、高らかに先人の志を継がんとする意志が示されるわけである。確かにこの序文の筆者が、もし淡海三船であつたとすれば、天智天皇の近江朝に対する、非常に強い想ひまでもが感じられよう。

この序文では、改めて本邦における漢籍文の輸入にあたつて、天智天皇が果たした役割の大きさが確認できる。

## 『革命勘文』と『小倉百人一首』

平安以降の天智天皇観を伺ふ史料としては、「意見十二箇条」でも知られる三善清行の『革命勘文』が挙げられる。ここでは、天智天皇の御事蹟についての評価が綴られてゐる。例へば、「ここに内臣中臣鎌子連と与《とも》に、賊臣蘇我入鹿并《ならび》に入鹿の父大臣蝦夷臣を誅す。また羅を伐ちて百済を救ひ、高麗を存し粛慎《みしはせ》(北方の異民族)を服す」といつた一節が見られる様に、乙巳の変での蘇我氏誅伐とともに、百済救援当時の外征についても簡単に言及されてゐる。

この三善清行については、新人物往来社の『近江神宮─天智天皇と大津京─』に収録された、所功博士の寄稿「百人一首巻頭の天智天皇御製」で詳しく触れられてゐる。本論では、『小倉百人一首』の冒頭に、なぜ天智天皇の歌が置かれてゐるかを考察されてゐるが、そのことを説明するために、天智天皇が歴代、皇位継承に対して非常に重要な役目を果たしたといふことが、この三善清行の『革命勘文』を通じて説明されてゐるのである。

清行によれば、『易緯』の辛酉革命説、それに照らし合せて、わが国の一大変革期は「本朝人皇の首《はじめ》」たる〝大祖〟としての神武天皇の建国創業とともに、その後の七世紀の中葉に、「太子として万機を摂り」たまうた〝中宗〟の祖にあたる天智天皇の中興基業にあるといふことが強調されてゐる。

これはどういふことか。所博士によれば、「後者より二百四十年後(四六の変)に当たる〝聖王〟醍醐天皇の治世当年（九〇一年）こそ『大変革命』の年であり改元を要する」といふこと。つまり、醍醐天皇、村上天皇の時代といふのは、周知の通り、延喜天暦の治にあたる。延喜天暦の理想的な時代を迎へるために、天智天皇の位置づけは〝中興の祖〟として欠かせないといふのである。これは実に、百年どころか千年ぐらいの歴史を踏まへた評言であらう。「天智天皇が神武天皇につぐ画期的な聖主と仰がれていた」、かうした評価がすでに平安時代に存在したといふことだ。

それでは、天智天皇の御製が、『百人一首』の筆頭に選ばれたのはなぜであるか。そのことについて所博士は、歴史学者の目崎徳衛の説を紹介してゐる。すなはち、奈良末期に称徳女帝、つまり天武天皇の玄孫にあたる方が崩御された後に、天智天皇の直孫にあたる光仁天皇が迎へられることになる。その「後継者にある平安以降の歴代天皇にとって、天智天皇は直接的な『皇室の祖先』いわば太祖」であったといふことだ。そのために藤原定家は、天智天皇を重んじてその御製を冒頭に掲げ、平安王朝といへば天智天皇に始まり、後鳥羽院、そして順徳院に終るといふ『百人一首』の構成が編まれたといふのである。つまり王朝時代を象徴する〝太祖〟が天智天皇にあたり、それが平安貴族にとつて、まさに王朝文化に基盤になつたといふことが、この『百人一首』の構成からも判断できるといふわけである。

## 『神皇正統記』と『大日本史』

中世以降の代表的な天皇論として真つ先に挙げられるのは、何といつても北畠親房の『神皇正統記』であらう。天智天皇についてはその御事蹟の後、たつた一言ではあるが、「天皇中興の祖にましますす」と評価されてゐる。さらにそこに「光仁の御祖《おや》なり」と註解が加へられてゐる。これは何を意味するか。

すなはち奈良時代の皇位は、天武天皇の系統によつて継承されてゐる。つまり壬申の乱に勝者となられた側の皇統が、後の天平文化の担ひ手となるわけである。換言すれば、敗者側の天智天皇の系譜は、壬申の乱以降、皇位からは遠ざかることになる。それが再び奈良時代最後の天皇である光仁天皇の時代に、一端孝謙天皇の時代に途絶えた天武系の後に、嘗ての天智系の皇統が復活するわけである。その天智系が復活し、その後の皇室は、天智天皇の系統を継がれるわけだが、そのことをもつて、「中興」といふ評価がなされてゐるのである。

近世以降、『神皇正統記』の影響を受けた史書としては、水戸藩における義公・徳川光圀の『大日本史』が挙げられる。ただし、前者が南北朝動乱当時の小田城内といつた、極めて制限された環境での執筆といふこともあつて、簡潔に歴代天皇の概要がまとめられてゐるのに対し、後者はさすがは近世における歴史研究の集大成ともいふべき事業とあつて、各天皇の御事蹟は、膨大な史料を駆使して叙述されてゐることもあり、一概に同列に論じることはできない。

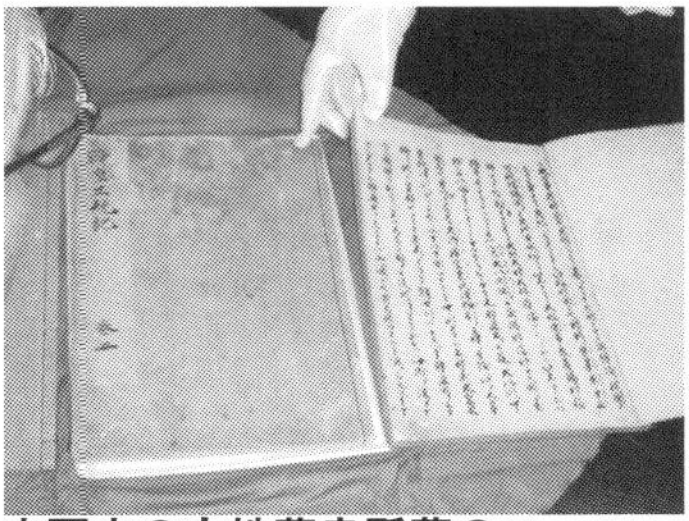

水戸市の六地蔵寺所蔵の
『神皇正統記』

水戸城三の丸跡地の
『大日本史』編纂の地記念碑

その記述も「述べて作らず」の筆法を貫いてゐるせゐか、具体的な評価は極めて抑制されてゐるが、とりわけ天智天皇に関しては、「天皇、学を好み文を能くし、治体を明習し、庠序を設け、茂才を徴し、五礼を定め、百度を興したまふ」の一節に集約されてゐる。つまり、天皇の旺盛な向学心とともに、学校を創設して、人材を育成し、さらにはあらゆる制度とともに近江令に象徴される法令を始められたことが、大きく賞揚されてゐるのである。

中でも天皇即位にあたり、これまで斉明天皇崩御も〝称制〟を続けてきたことについては、「天皇至孝にして、先帝を殯すること六年、此に至りて登阼したまふ」と、御母君の斉明天皇に六年もの長きにわたつて喪に伏した件につき、その孝養の御姿勢が評価されてゐる。この辺りについては、さすがに安積澹泊の『大日本史賛藪』では、「母帝の崩ずるに及びて、猶尚素服して称制し、殯すること六年にして阼に登る。是れ、其の至孝篤譲の、聖質に得る者、此の如く其れ美なり」と、より具体的な価値判断の理由が説明されてゐる。

## 近世国学者による漢風批判

さて、ここまでは天智天皇に対する肯定的な評価を追ってきたが、近世においては必ずしも鑽仰ばかりではなかつた。例へば国学者の本居宣長は、その『詔詞解一』において、天智天皇が大友皇子への皇位継承のために定めたとされる近江令について、「かくて此ノ不改常典といふも、よろづの事、改新《アラタムル》をたけきことにする、漢国ぶりの御しわざにして、神代より有来しさまを停廃《ヤメ》て、悉く漢国の制にならひて、新に定め給へる也」と評した挙句、「此漢国ぶりにうつりて、皇国の意を忘れたるより起れるものを、世々の物しり人たちも、たゞから国意《ゴヽロ》をのみ思ひて、此ことわりをえさとらず、世に此天皇を、中興の君としも心得ためり……」とまでこき下ろしゐる。

同様に宣長は『古事記傳二十之巻』に至つては大化改新について、「此ノ天皇は、皇太子に坐ししほどより、藤原ノ大臣と共に謀リ給ヒて、蘇我ノ入鹿を滅し給ヒし御功《ミイサヲ》を漢様《カラザマ》に革《アラタ》め給へることこそあれ、其ノ他に殊なることも坐シまさず、凡《オホカタ》孝徳の御世に、萬ヅの御制の古へより有リ来ぬるを廃《ステ》て、多く漢様にしもなれるは、此ノ天智天皇と藤原ノ大臣との御心より出《イデ》つとぞ見えたる、後ノ世に此ノ天皇をしも、中興の主など申すめるは、此ノ漢様の事を多く創《ハジメ》坐る故なるべし」などと酷評した挙げ句、「かくて此ノ天皇の御陵をしも、永く殊に祭リ坐スとならば、神武天皇の御陵をこそ、第一に厚く祭り賜ふべく、猶又余《ホカ》にも有ルべきをや」と、平安初期以来、天智天皇の御陵が「近陵」（天皇の近親の陵墓）として制定されたのに対して、神武天皇陵こそ手厚くお祭りすべきことを提唱してゐる。

いかにもこれまで「漢意《からごころ》」を排撃してきた国学者ならではの律令制批判だが、これは同時に天智天皇を「中興の祖」とする、中古以来の見解を全面否定するものにほかならない。一方、御歴代の淵源を天智天皇から更に初代の神武天皇に遡ることで、より皇統の源流を重視した宣長の着眼は、明治維新における神武創業への重視を先取りするものとして、汲み取るべき点もある。

先に引いた目崎徳衛の『百人一首の作者たち』に拠ると、平安初期に「近陵」として「十陵四基」が制定された中で、天智天皇の山階の山稜が筆頭とされ、さらにその皇子の施基（志貴）皇子と光仁・桓武以下の諸天皇が十陵、外戚藤原氏の祖にあたる不比等以下の四基が指定されたといふ。その後「延喜十年（七九一）に五等親以外の国忌が整理され、その際称徳以前の天武系統の期日はすべて廃止された」が、「天智・光仁・桓武天皇の国忌は不動で、後世国忌が廃絶するまで変わらなかった」とされる。その背景には、歴代ごとに増加していく国忌に対して、如何にその対象を選定していくか、苦肉の事情が察せられる。

『日本史研究』第四三〇号に掲載された藤堂かほる氏の論考「律令国家の国忌と廃務―8世紀の先帝意識と天智の位置づけ―」に拠ると、「律令国家の国忌廃務のシステムは、天智と天武を律令国家の祖宗として位置づけると共に、それ以降の近代先帝を即位の天皇として等しく祭祀対象とするといふもの」であり、その中で天智天皇の国忌の廃務が遵守されてきたことから、奈良末期から平安初期において、「天智が律令国家の『基業を開』いた先帝として遇されていた」ことを推察してゐる。中古以降、天智天皇が「中興」と仰がれてきた背景として、単に血統意識のみならず、律令国家の創始者としての側面が重視されてきたことが窺へる。当然律令制は唐から移入したものであるから、宣長がその「漢風」を指弾するのは、国学者の歴史観としては実に筋が通つてゐるともいへるだらう。

かうした宣長の歴史認識をさらに進展させたのが、伴信友の『長等の山風』であらう。信友は昭和の日本浪曼派の批評家・保田與重郎にも多大な影響を与へた国学者で、とりわけ保田が『萬葉集の精神』といふ書物を著す際、大いに参照された文献でもある。壬申の乱については、敗者となられ大友皇子に対して強い思ひ入れがあり、いふまでもなく、この『長等の山風』といふ書名も、弘文天皇の御陵のある長等山を示してゐる。

この書物で伴信友は、「天智天皇は鎌足大臣をかたらひたまひて、まほならぬ御行の多くおはしましける」と断じてゐる。ここでは、大海人皇子との争ひの原因ともなつた皇位継承問題も含めてだが、鎌足と組んで、よろしくない振る舞ひをされたといふ様な意味であらうか。「御私心をもておろしまゐらせ給ひ、皇子の大友皇子を立ち給へるによりて、古《いにしへ》より例《ためし》なき世の大乱もおこりたり」とは、壬申の乱のことを指すが、天智天皇が私心を起こして、大友皇子を立てたために、この様な争乱が起こつてしまつたことを指摘してゐるのだ。

そして、「この天皇ことさらよろづに漢国風《からくにぶり》を好給ひて、神祖の道を改はじめ給ひける事の多くおはしけるによりて、後遂に朝廷の御衰の基となれる事、はたいと多かるは……」とまで指弾してゐる。さらにその先には、「中興ノ良主としもさだし奉るべきにはあらざるべし」とまで述べてをり、先ほどの宣長同様、これまでの三善清行や北畠親房が手がけてきた評価を覆す評言までもが綴られてゐる。近世の後期に、天智天皇に対して、この様な畏れ多い評価を忌憚なく下した学者がゐたわけである。同時に、やはり国学者といふことで、「漢国風」といふ風潮に対しては、非常に敏感な反応を隠さない。

近江朝以降の政変については、頼山陽も『日本政紀』の中で、「吾れ特《ただ》天智の早く儲弐《ちよじ》を定めざりしを怪しむ。太弟と太子とをして分位疑似ならしめしは、壬申の禍を招く所以なるか」と疑義を呈し、天智天皇が皇位継承者を確定させなかつたことが、壬申の乱の悲劇を招いたのではないかと慨嘆してゐる。

一方、山陽は、天武天皇については、「宜なるかな、能く天智の緒《しよ》を継ぎ、天下の望を失はざるや」と、兄帝である天智天皇の事業を引継いだことで、世の支持を得られたことを評価する。さらには、「その前制を修明し、心を武備に用ひ、親王・諸臣に令して、官の文武となく、務めて軍事を習はしむるに至りては、後世、文武途を分ち、国勢偏枯するの弊を、逆賭《げきと》するものの如し」として、後代の貴族たちが〝文弱〟に溺れていく中、常に軍備を怠ることなく、皇族・諸臣に修練を奨励させた姿勢については、一定の評価を導き出してゐる。

それとは対称的なのが、新井白石の天武天皇評である。白石は『読史余論』の中で、「されば天武は一旦御軍にうちかたらせ給ひて世をしろしめされしかど、その御後はわづかに七代百余年がほどにて、その玄孫称徳の女王にてつゐに絶させ給ひ、天智の御孫光仁世をしらせ給ひ、その御後、今に絶させ給はねば、天の有道にくみし給ふ所あきらけしと申すべし」として、〝嫡子相続〟といふ儒教的な相続方法こそが「天の有道」であることを仄めかしてゐる。すなはち天武天皇はさうした〝聖人の道〟に背いたからこそ、その後の奈良時代における天武系の血筋が絶えたのであり、それが皇統における天智系がその御孫にあたる光仁天皇に復することで、後々まで継続されてゐることの根拠として評価してゐる。

尚、安積澹泊の『大日本史賛藪』に批評を加へた三宅観瀾の『論賛駁語』では、「天智帝も、斉明帝の時より百方救援し給ひしかば、怠る所あるにあらずといへども、遺す所の諸将将略不明にして軍機精しからず」として、百済の役での失策について、具体的な問題提起を施してゐる。

また、會澤正志齋の『新論』では「中宗天智天皇に至り、すでに乱賊を誅戮し、儲弐に在りて政を輔け、旧弊を革除して、新制を布きたまふ」として、大化改新を中央集権国家の発端として、高く評価してゐる点も付け加へておきたい。

# 第八章　近江神宮創建までの道のり

## 時の記念日～明治維新と大津市民

天智天皇の御事跡を正当に顧みようとする動きが再び現れるのは、実に明治維新以降のことである。例へば明治二十四年（一八九一）六月、『史海』第三号に発表された田口鼎軒の「壬申の乱」では、近江朝廷での天智天皇の政略について、「過激なりし」と評しつつも、天武天皇の蜂起については、「国家に大勲ある君を其系統を皇位より除くとは何ぞや」と疑問を呈してゐる。そして、「抑も天皇は入鹿を誅するに当りて実に自ら手を下し玉へり、又た唐軍に抗するに当りて久しく黒木の御所に於て辛労し玉へり、仮令其結果は意の如くならざりしにせよ、天皇が満脳の精神を国事に尽し玉ひし御事は多弁を要せざるなり」と皇太子時代からのその御事蹟を擁護してゐる。これは一方で、天武天皇について、「此際に於て何らの功労ありしか、天武実に此際に於て寸功なし、然るに皇位終に有功なる天智の統を去りて、無功なる天武の統に帰せり」といつた過小評価にもつながつてゐる。これは「天皇」「日本」の称号をはじめ、記紀の編纂や伊勢神宮の斎宮制度、その後の日本文化の礎を築かれた天武天皇の御事蹟に対して、酷ともいへる評価であるが、この時期の天武天皇評を知る上でも貴重な文献といへる。因みに田口は『懐風藻』の大友皇子、河島皇子、志貴皇子、葛野王の作詩から、「天智の子孫多く文学に秀で玉へり」と、その文才を顧みることも忘れてゐない。

明治二十七年（一八九四）一月、落合直文が『文海』に発表した「中大兄皇子」では、「蘇我氏は、当時ならびなき権門の家なり。人々その罪咎をせめざるのみならず、そをおぢおそれざるものとてはなし」と馬子から蝦夷、入鹿に至るまでの蘇我氏三代の「不敬不礼」を糾弾した上に、「この時にあたり、この皇子の王室のため、国家のため、そを殺させ給ひしなど、いかにかしこき御心なりけむ。この皇子のいまさゞりせば、王室もあやしうかりしならむを。国家もあやうかりしならむを。いみじともいみじきは、この皇子になむ。あなあはれ」と、和文体で乙巳の変による蘇我氏誅伐を称讃してゐる。〝賊による専権〟から〝王統回復〟といつた転換となるが、これはそのままこの当時まだ記憶に新しかつた、明治維新での王政復古に対する理念と重ねたものであらうことは、想像に難くない。

一方、翌明治二十八年五月、竹越与三郎が、開拓社から『二千五百年史』を刊行するが、そこに収められた「空前絶後の国体改革」では、「大化変革」における「葛城の皇子（中大兄皇子）」について、「鋭意国体を変ぜしかば神武以来、一千三百年、日本は初めて一の国家らしき形体を具へ、王制初めてなるに至れり。実に天智は日本歴史の誇栄とすべき英雄天子なり」と鑽仰しつつも、「その欠点は余りに多く武威を示めし、華麗を好むにありき」として、大化時代における変革が長続きしせず、幾多の弱点をさらしたのは、「実にその規画者たる天智の弱点より来る」と、容赦なく筆誅を加へてゐる。

この辺りの評価については、昭和十四年十二月に大川周明が第一書房から刊行した『日本二千六百年史』の「第五章　大化革新」での「皇太子として百政革新の衝に当ること、前後二回十六年、神武以来千三百年にして初めて日本に初めて日本に真個の国家としての組織を与へた」といふ一節にもかなりの影響を与へたと考へられる。

この日清戦争直後の明治二十八年には、滋賀県大津市の錦織の地に「志賀宮址碑」が建立された。この年京都では桓武天皇をお偲びする平安神宮が創建され、さらにその七年前、奈良に橿原神宮が創建。神武創業以来の皇統の御事跡がそれぞれのゆかりの地で顧みられる中、天智天皇をお祀りする神宮の創設は、大津市民にとつて切実な願ひだつた様である。

北清事変の勃発した明治三十三年、東亜同文書院創建のため、学習院長・近衛篤麿が大津を訪れた際、時の大津市長・西村文四郎ほか市民有志が神宮創建の奉賛会を結成。近衛を会長に招くことにした。

その後日露戦争が始まり、神宮創建の動きも自粛を余儀なくされるが、明治三十八年の第二十一議会で坂上田村麿将軍祭司の建議が可決されたのを機に、大津での神宮創建の動きも活性化。大津市は神宮奉賛会協議会を開き、次の「大津宮創設趣意書」を起草した。

楽浪《さざなみ》に瀕し叡岳に接し、風光絶佳なる我が大津市が現時の繁栄を成す其の淵源、素より悠遠にして、且種々なる由緒ありと言へども之を要するに、天智天皇の近江奠都こそ唯一の原因なるべきなれ。天皇はこの大津宮にして大政を総覧し、律令を制定し百度文物、大いに備はりしを以て、世に中興の祖と称し奉れり。然れば天皇は歴史上に於ても偉業を垂れさせ給ひしは勿論、当市の上より称するも始祖又は遠祖として崇敬し奉るべき聖君に坐せり。嗚呼、吾人が今日ある実に天皇の優渥なる徳沢、流れて茲に及べる事を記憶して忘るべからず。（『近江神宮―天智天皇と大津京―』新人物往来社）

国史上の「中興の祖」としての御偉業の評価はもちろんのこと、何よりもさうした御治績が大津の地から発せられ、その後の地域発展の礎を築かれた点に着目してゐるところに、大津市民としての誇りも感じさせる。しかしながら、その後大正から昭和にかけて、滋賀県出身の貴衆両院議員が毎年帝国議会に請願書を提出し、承認を得ながらも、神宮創建の動きは機を熟することがなかつた。その間、大正九年六月十日には「時の記念日」が制定されるなどの成果はあつた。西暦六七一年にあたる天智天皇十年、近江朝において初めて漏刻と鐘鼓によつて時を報せた四月二十五日を新暦に直したのが、その制定の由来である。天智天皇を祀る近江神宮境内には、漏刻＝水時計が再現されてゐる。

**近江神宮境内に再現された漏刻**

この「時の記念日」だが、実は大正時代、日本人の時間厳守を「欧米並み」に進めようとした近代化政策でもある。それまでの日本人に時間厳守の概念といふのは、かなり緩やかなものであつたといはれてゐる。実は天智天皇以降も、例へば江戸時代の人も、朝と晩ぐらゐしか、鐘を鳴らす時間を知らせる手段はなかつた。今でこそ日本人が時間に対して非常に厳粛だといはれてゐるが、実はこれは本当に始まつたのは、事実上大正時代以降といふ非常に新しい観念だつたことになる。逆にいへば、この天智天皇の故事に由来する「時の記念日」が広まつてから、漸く日本人は時間に厳しくなつたといふことでもあらう。尚、近江神宮境内には、古今東西の時計を陳列した時計博物館が併設されてをり、毎年この時の記念日に、天智天皇を時の神様として崇める漏刻祭が催されてゐる。

## 紀元二千六百年式典と近江神宮奉賛会

天智天皇鑽仰の気運が再び高まるのは、昭和期以降のことである。運動の活性化には、昭和七年から滋賀県の神社課長を務め、後に近江神宮奉賛会主事となつた石川金藏の尽力があげられる。

昭和十五年の紀元二千六百年式典が近づくと、それを記念して天智天皇を御祀り申し上げようといふ県民の意識が高まり、遂に昭和十三年五月一日の内務省告示第二百五十四号を以て「一　近江神宮　祭神　天智天皇　一座」と定められ、「官幣大社に列セラルル」旨が仰出されることになつた。

翌十四年十一月五日に開催された近江神宮奉賛会総裁奉戴式では高松宮殿下による以下の令旨が、父・篤麿を嗣いで奉賛会長となつた近衛文麿の奉答によつて下された。

天智天皇天資英邁内ニハ未曾有ノ大変革ヲ行ハセラレ洽ク　皇化ヲ光被セシメ外ハ威武ヲ海方ニ示シテ善隣友好ノ政ヲ開カセラレ赫赫タル治績ヲ挙ゲテ範ヲ後世ニ垂レ給ヘリ御改新ノ根本ハ実に國體ノ擁護ニ發セラレ近江奠都ニ至リテ内外統制ノ態勢愈々確立セルヲ見ル明治維新ヨリ延イテ現代ニ及ビテハ時運ノ進展ニ伴ヒ國力旺盛ニシテ規模ノ廓開ヲ致セルコト古今其ノ比ヲ見ズト雖之ガ淵源ハ大化改新ノ一大精神ト脈脈通ジ毎ニ國歩躍進ノ原動ヲ爲セルヲ覚ユ（『近江神宮—天智天皇と大津京—』）

近江遷都における天智天皇の御治績のみならず、その淵源となつた大化改新と明治維新以降の日本の国力進展とが重ねられてゐる。実際に当時の歴史学界でも、大化改新を明治維新と重ね、天智天皇の御代を「革新的な政治改革」として捉へる向きがあつた。それに対して、壬申争乱以降、神祇を重んじられた天武天皇朝は「保守的な復古維新」として位置づけられたのである。

例へば大正七年（一九一八）の黒板勝美の『国史の研究』（文會堂書店）では、「明治の初年に一時盛んであつた西洋崇拝の裏面に、國粋保存の声がだん〳〵起つて来たと同じ有様であつたらう」と、近代以降の文明開化と大化改新の新時代精神の類似性に着目し、壬申の乱に於ける大海人皇子を「〝反動的勢力を代表したお方〟」として解釈してゐる。

黒板は、白村江の戦で確かに日本は敗れたけれども、「朝鮮との関係を調べて見れば、実は我が厄介物であつたのである」とまで述べてゐる。その「厄介物」が外れたのは白村江以降であるといふことだ。そして、「推古天皇以来支那と直接に交通開けてからは、最早その必要条件を認めぬ、たゞ従来の腐れ縁で百済を授け任那を復せねばならぬのであつた」とまで述べてをり、非常に大胆な見方で白村江敗戦を捉へてゐる。

さらにその次には、「改新の事業を完成し、律令の頒布をはじめ、施設すべきものが少なかつたことに思ひ到れば、天智天皇がこの英断に出でられたのは実は当を得た御処置であつた」とまで言ひ切つてゐる。

この『国史の研究』で注目する点としては、先ほど述べた通り、大化改新を明治維新になぞらへたことだらう。それに対して、天武天皇の改革については、「殊にわが国民性情に合はぬ支那の文化が大化の改新に勢力を振つたところもあり、改新の結果不平を有する人々をも生じて来たのは当然である」と述べてゐる。そして、「丁度明治維新後にも同じやうな類似の現象があつた」とし、「西洋崇拝の裏面には国粋保存の声がだん〳〵起つて来た」と捉へてゐる。つまり、明治維新に対する国粋保存の動きがあるのと同様に、大化改新の後にも、唐風の改革に対する国粋保存の反動があつたこと、そしてそれを率先したのが、天武朝時代にほかならなかつたといふ明確な図式が指摘されてゐるわけだ。この点については、直木孝次郎氏も『壬申の乱』（岩波書店、昭和三十六年）の中で、「維新当初、開明的進歩的な意気込みで出発した明治政府が、自由民権運動の昂揚期をへて、急速に反動的性格を濃厚にした歴史のあゆみが、壬申の乱の解釈に大きな影響を与えたのではないか」と推察してゐる。

それとは対称的に、和辻哲郎が昭和十六年の「人倫的国家の理想とその伝統」（岩波講座『倫理学』第六冊）の中で、「大化改新への反動運動に対して改新を徹底させるための運動が壬申の乱として爆発した」と評価してゐる。実際は、大化改新の精神を徹底させたのは、白村江敗戦後の近江朝において天智天皇が即位されて以降であり、壬申の乱はそれに対する反動といふ見方の方が実状に即してゐるといへる。ともあれ、結果的に天武天皇の時代には、近江朝以上に律令制が徹底されたといふ実態もあるのだが、明治生まれの学者が、近代史との類推で古代史を捉へてゐたのは、誠に興味をそそる。

昭和四年（一九二九）、滋賀県保勝会から出された肥後和男の『大津京址の研究』では、天智天皇の「四十六年の比較的短がき御生涯を最も特色づける御人格」として、「偉大なる改革者たる点にある」点に着目してゐる。そして、「天皇は一面敢然たる破壊者であらせられたが他面勝れたる建設者であつた」として、大化改新以後の各氏族への粛清については直接言及してゐないとはいへ、当時の規制概念に対する突破と律令国家建設といつた時代の変革を、同時進行で行つた天皇の〝二面性〟を見出してゐる。黒板同様、隋唐の大陸文化の積極的移入を図られた「改革者たる点」において、天智天皇を「聖徳太子の歴史的継承者」として位置づけた点についても、広範な視点での歴史的評価として注目に値しよう。

さうした学説が定着する中、大化改新を「最初の王政復古」と捉へる画期的な学術書が、奇しくも近江神宮創建の始まる昭和十三年に至文堂から公にされた。古代史家の坂本太郎による学位論文『大化改新の研究』である。

坂本は「天武天皇の御代の発展段階が天智天皇の御代を経過したことによつて将来せられたるは固よりのこと、その内容に於いて、天智天皇の御代に発揮せられたる固有制度尊重の風が、新制の確立に向つてかなり大きな影響を与へたと考へられることは、改新の発展に関与した天智天皇の御代の位置の輕からざるを示すものとせられよう」と解釈してゐる。そして壬申の乱についても、政治的な革新・反動の対立ではなく、あくまで「皇位継承の御争」と推定してゐるのである。本書は戦前まで、その後の大化改新研究に大きな影響を及ぼしてゐる。

## 不改常典～敗戦復興から律令国家建設へ

大東亜戦争敗戦から五年を経た昭和二十五年十月二日、神道思想家の葦津珍彦は、『神社新報』二一五号の中で、「天智天皇を欽慕し奉る」といつた小文を寄せてゐる。

この未曽有の敗戦下の難局にも屈せず、わが国は着々として大化改新の大業を内に進めつゝ、対外的には白村江の敗戦後わづか二年にして、大唐との間に毅然たる独立の光栄を持して平和修好の恢復に成功したのである。

まさに未曾有の対外戦争の敗戦体験を、天智天皇時代における白村江敗戦と重ね、その復興の時代に一筋の光明を希求した文面は、この当時の切迫感ならではのものであらう。

では、その後、近江では、どの様な政治が行はれたのか。まづ第一に「甲子の宣」が挙げられる。これは聖徳太子時代の官位十二階から十九階、さらに二十六階に拡大して、身分制度を細かく分けた制度変革である。

そして、庚午年籍といふ日本初の戸籍制度を定めるわけである。民衆の一人一人を把握するわけだから、国家事業としては非常に画期的だつたことが想像される。敗戦直後の当時は勝者となつた唐・新羅からの来襲も予想された。戸籍制度の導入は、後年の防人制度の先駆けともいふべき徴兵の意味もあるが、税収を確保するためとも考へられる。

さらに、歴史学界でもしばしば論議の対象となる近江令。これも現物が残つてゐない以上、状況証拠からの推定となるが、皇位継承問題について書かれた法律ではないかといふ説も出されてゐる。「不改常典」について、田中卓博士は「天智天皇と不改常典」（昭和五十八年、『田中卓著作集6律令制の諸問題』国書刊行会所収）の中で「〝天壌無窮の神勅〟の内容に相当するやうな〝君臣の義〟を宣言する法」と推論されてゐる。さらに和気清麻呂が宇佐八幡宮神託事件において〝皇統君臨の大原則〟を言上したことから、「これが危うく冒涜されようとした時に、その非を正し、現在の立場でこの大原則を再確認するだけでなく、今後無窮に、改むまじき常の典として、未来に向かつてこの大原則の確立を宣言されたのが、天智天皇に他ならない」と、天智天皇が定められた「不改常典」の時空を超えた国体的価値を見出されてゐる。

天智天皇が敗戦復興に向け近江に都を遷した事業について、愛郷塾の橘孝三郎は『天智天皇論』（天皇論刊行会、昭和四十一年）の中で、「日本を累卵の危機から救つて、今日あることを可能ならしめた」と総括してゐる。さらに「大化改新は神武肇国とならぶ、国史無比の全身運動であり、天智天皇は神武天皇と肩を並ぶる救済主的大元首である」とまで称揚してやまない。いかに天智天皇の偉業が国史上卓越するものであつたとはいへ、神武天皇の御創業まで並列させるのは、いささか大仰の譏りを免れえないかもしれない。しかしながら、これも葦津珍彦同様、大東亜戦争の「敗戦」といふ未曾有の危機の体験が底流にあることを念頭に置かねばなるまい。つまりこれは、橘自身の敗戦体験があつたからこそ、白村江敗戦後の天智天皇における「大化改新」精神の復活を、より実感的に摑み取ることができたと見ることもできるだらう。これは同時に、世界規模での敗戦といふ民族最大の危機の中、それを国民とともに乗り越え、復興へと導かれた、昭和天皇の御姿とも重なるものを感じざるをえない。

# 第九章　昭和動乱と皇室の危機

## よもの海〜立憲君主と日米開戦

昭和二十年（一九四五）十二月二十一日。皇居内にある生物学御研究所にて、昭和天皇と元共産党委員長、田中清玄との会見が行はれた。それは一般人との会見としては、一時間にわたる異例のものであつた。

田中清玄は戦前の武装共産党で書記長を務め、獄中転向後、戦後は右翼活動、石油フィクサーとして昭和の裏面史を彩つてきた人物として知られてゐる。明治三十九年（一九〇六）生まれで天皇より五歳年下、今日出海、伊豆公夫らとともに亀井勝一郎とは函館中学校時代の同窓でもある。田中は治安維持法容疑で昭和五年（一九三〇）検挙。十一年にわたる獄中生活の後、昭和十六年（一九四一）恩赦出獄、谷中全生庵の座禅会で山本玄峰を知り、三島龍澤寺にて雲水として三年にわたり修行生活を送つてゐる。龍澤寺では禁衛府長官、菊池盛登と昵懇になり、敗戦後『週刊朝日』に掲載された「天皇と皇室こそは、日本復興の原動力として絶対に必要だ」といふインタビューが反響を呼び、菊池を通して侍従長の大金益次郎と接触。そのことにより天皇会見が実現する運びとなつた。

会見については、大須賀瑞夫氏がインタビューを取つた『田中清玄自伝』（文藝春秋、平成五年）の他、岩見隆夫の『陛下の御質問―昭和天皇と戦後政治』（毎日新聞社、平成四年）にもその経緯が報告されてゐる。後者では、「世情は混乱の極で、占領下、天皇の退位論や戦犯指定を求める議論がさかんだった。左翼から転向して天皇制護持を強く主張する田中との会見は、天皇をお慰めすることになる、と判断したのだろう」と側近たちの配慮が推測されてゐる。田中の師、山本玄峰は、終戦前沼津御用邸にあつた、昭和天皇の母君にあたる貞明皇太后とも接触が深く、会見でも話題はそこからはじまつた。そして会津藩の家老をつとめた田中の先祖や、ソ連問題にまで天皇の御下問が及んだ。

最後に田中は天皇に、日本復興のため退位はすべきでないこと、皇室財産を国民救済にあてること、そして天皇自ら先頭に立つて、工場や鉱山、農村で戦後復興に立ち上がる国民を激励されること、この三つを懇願した。

さらに田中が、「昭和十六年十二月八日の開戦には、陛下は反対でいらっしゃった。どうしてあれをお止めになれなかったのですか」と尋ねると、天皇からは以下の回答があつた。

「私は立憲君主であって、専制君主ではない。臣下が決議したことを拒むことはできない。憲法の規定もそうだ」（『陛下の御質問』）――これは、日米開戦時のみならず、昭和動乱期における、日本の立場を示す一面として、実に象徴的な一言であるといへる。確かに帝国憲法において、第四条の前段では、「天皇ハ元首ニシテ統治権ヲ総攬シ」と掲げられてゐた。しかし後段には「此ノ憲法ノ条規ニ依リ之ヲ行フ」ともあり、明確にその統治権の制限が規定されてゐる。かく考へれば戦後、左右両極の間で論議されてきた皇室に関する政治制度についても、「戦争責任論」についても、この会見での一言は何かしら示唆を与へるものではないだらうか。

よもの海みなはらからと思ふ世になど波風のたちさわぐらむ

御前会議では、明治大帝の御製を読み上げられることだけが、この時の立憲君主ができる、精一杯の意思表示だつたといふことにならうか。

二・二六事件や終戦に際して下された「聖断」は、なぜ大東亜開戦のときに下されなかつたのか—さうした戦後幾度も繰り返された疑問に対し、小室直樹は『昭和天皇の悲劇　日本人は何を失ったか』（光文社、平成元年）の中で次の様に答へる。まづ二・二六事件の時には日本政府は消滅してをり、「参謀本部、軍令部を含めて軍部に意志決定の出来る者などはいなかった」こと。それ故「立憲政治に対する緊急な国権の発動として天皇大権が発動された」といふのである。同様なことは終戦に際しての「聖断」にもいへる。「ポツダム宣言受諾か本土決戦かをめぐって、輔弼にあたる臣の意見」が両分し、そのため「輔弼不能」となつた。そしてまた、緊急的な天皇大権が発動されたといふことになる。これは立憲政治の輔弼機関が平常通り作動してゐた、昭和十六年末の開戦前夜とは大きく異なるといへる。それ故小室は「昭和天皇が第二次世界大戦を阻止していたらデモクラシーは死んでいた」とまで述べるのである。

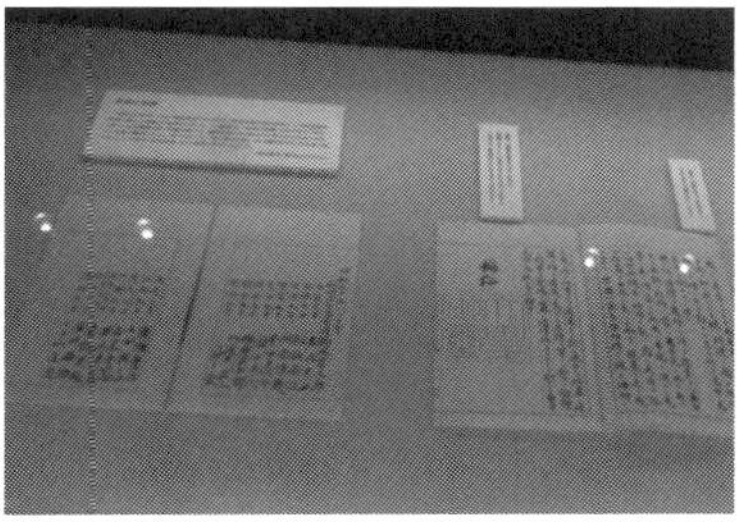
日本国憲法

大日本帝国憲法

これは、大日本帝国憲法下の「天皇大権」は、あくまで緊急事態に際してのみ発動されるのであり、明治維新が「天皇親政」を理念としながらも、その後の自由民権運動や国会設立の段階を経て、「専制君主」を求めたわけではなかつたことを裏づけるものであらう。もちろん、戦前の日本に〝デモクラシー〟があつたかどうかも、議論にならう。その点について山本七平は、『昭和天皇の研究』の中で、「天皇には『五箇条の御誓文と憲法あっての天皇』という意識がきわめて強く、これが自己規定の基本であったように思われる」と推察してゐる。俗に「人間宣言」と呼ばれることになる「新日本建設（国運振興）の詔書」を下された際、後年「民主主義といふものは決して輸入のものではない」と述べられることになるのも、天皇の中で五箇条の御誓文と大日本帝国憲法が我が国における〝デモクラシー〟の基本として念頭にあられたからにほかなるまい。

　図らずも田中の要望通り、天皇の留位が現実のものとなり、米軍による占領政策で皇室財産は凍結された。そして、翌昭和二十一年から神奈川を起点に天皇の全国巡幸が始められてゐる。

加藤恭子氏の『昭和天皇の「謝罪詔勅」草稿の発見』（文藝春秋、平成十五年）にも報告されてゐる様に、敗戦から占領時代にかけて、天皇はこの戦争についての倫理的責任から、しばしば周囲に「退位」をほのめかされてゐたとされる。しかし、時の侍従長・三谷隆信の進言により、結局留位することで、君主としての責務を果たさうとされたのが実情だつた様である。

実際に、天皇御自身は皇太子時代の英国での留学体験からも、大日本帝国憲法下においても、イギリス式の立憲君主制を自らの模範とされてゐたことはよく知られてゐる。それは嘗てのロシアやプロシアの様な専制君主などではなく、「君臨すれども統治せず」といつた姿勢を一貫として通されたことで、「天皇機関説」を唱へた美濃部達吉の学説にも理解があつた（立花隆『天皇と東大・下――大日本帝国の生と死』文藝春秋、平成十五年）。二・二六事件や終戦時の「聖断」といつた例外を除いて、政治的な言動は、すべて憲法の範囲内に制限されてゐたのである。その経緯については、すでにこれまでの多くの実証的な現代史研究、昭和天皇の伝記研究によつても明らかにされてある。

もちろんその時の天皇の御姿勢については賛否もあるだらう。現に平成十八年七月に、講談社から『徳富蘇峰終戦後日記』の題で公にされた、蘇峰の『頑蘇夢物語』の昭和二十年九月四日には、「今上天皇に於かせられては、むしろ御自身を戦争の外に超然として、戦争そのものは、その当局者に御一任遊ばされることが、立憲君主の本務であると、思し召されたのであらう。しかしこれが全く敗北を招く一大原因となつたといふことについては、恐らくは今日に於いてさへも、御気付きないことと思ふ」といつた記述までが見られるほどだ。「皇室中心主義者」を自称する蘇峰だが、「熟々《つらつら》開戦以来の御詔勅を奉読するに、宣戦の大詔にすら、その文句も動《やや》もすれば、申訳的であり、弁疏的であり、従《よつ》て消極的気分が勝つてゐるやうだ」と、天皇の「平和主義」的傾向に不満を洩らしてゐるほどである。

今ここで先の大戦についての後知恵的な批評を下すことは控へたい。もちろん白村江の戦についても然りだが、歴史上未曾有の戦禍をもたらし、多くの犠牲者を出した大きな戦について、今後の〝鑑戒〟として、後世の人間が「敗北」といふ結果から遡つて因果関係を探ること自体は決して無意味ではない。かといつて、かうすれば避けられた、かうすれば勝てた……などといふ逆算的な仮定を当て嵌めることによつて、戦争の本質が解明できるものではあるまい。

しかしながら、世界規模の戦争での敗戦といふ、史上稀に見る祖国の大難にあたつて、一国の君主が、如何に国民のために腐心し、復興へと導いていつたか。さらにこの未曾有の国難は、二千年以上にわたる皇室の存続の最大の危機をも意味してゐた。さうした中、如何に天照大神以来の皇室の伝統を護りぬかれるか。おそらくこれまでの歴代天皇が経験したことがない、極めて難しい舵取りを迫られたのではないだらうか。

## 米国の知日派・日本の親英米派

敗戦から数年間、日本がアメリカの占領下におかれる中、天皇・皇室は有史以来最大の危機に直面してゐた。内外から数多くの天皇論が活発に論じられたのもそのためであり、戦前の統治権の総覧者としての天皇にも、戦後制定された新憲法下の象徴天皇制度にも馴染むことのできなかつた知識人にとつて、自分なりの天皇観を打ち出す契機にもなつた。

第二次大戦直後の米国の輿論は、日本の天皇に対し戦犯として追及する方が優位にあつたことは想像するまでもない。驚くべき事に、その処遇としては、「退位論」どころか、「処刑」「終身刑」「追放」などの処置が圧倒的な支持を受けてゐた。米国のアジア政策で今尚「親中派」と「知日派」に別れる傾向は続いてゐるが、日本との戦争の最中にあつて、中国を援助した米国のアジア政策が「親中国派」に傾くのは自然な流れといへる。前者は天皇制廃止論を唱へ、後者は天皇制利用説を唱へた。戦争末期の一九四四年（昭和十九年）に、駐日大使を務めた「知日派」のジョセフ・グルーが国務次官に就任したことで、最終的に米国は、国民の天皇への敬愛の念を利用しつつ間接統治を行ふ方向で決着する（武田清子『天皇観の相剋』他）。

それでも天皇を「戦犯」として追及する、米国政府の方針が改まつたわけではない。それどころか終戦後、今度は親中派のジョージ・アチソンが国務次官に就任することになつた。しかし、マッカーサーは、知日派の軍事秘書・フェラーズから天皇を戦犯として追及しない様進言され、マッカーサー本人も、天皇の権威を利用すれば、占領行政は円滑に進むと目論んでゐた。

一方、日本では「穏健派」とよばれた「親英米派」が、さうした米国側の事情と合せて、皇室存続のために行動した（高橋紘『象徴天皇の誕生』）。その多くは陸軍の強硬派と対立した海軍人脈であり、三国同盟や日米開戦に消極的であつた天皇の戦争観ともつながるものがあつた。中でも平成二年に発見された『昭和天皇独白録』の作成に携つた寺崎英成の活躍はめざましい。

かくして日本の皇室存続には、米国における知日派と日本における親英米派を無視するわけにはいくまい。然も、いづれも元々が日米両国における非主流派であつたことに注目したい。もし米国による占領政策が、親中派によつて進められ、それを受け入れる日本の中枢部が以前として反米意識を持ち続けてゐたならば、日本の〝戦後〟は年号すら存在しない共和政体となつたかもしれないからだ。最悪の場合は東西分断か、アメリカ五十一番目の州として英語が公用語となつた可能性が高いのではないだらうか。日本は、同じ同盟国であつた独伊の様な処遇を受けることなく、辛うじて「国体護持」を実現させたといふ見方もできる（入江隆則『敗者の戦後』他）。

しかし、何よりもマッカーサーの予想に反したのは、会見で目の当たりにした、天皇御自身の〝君徳〟の大きさではなかつたか。平成十四年十一月の『道の友』第六百二十六号に掲載された福永武氏の「昭和天皇とマッカーサーの御会見―奥村手記公開に関して―」にもある様に、「陛下は憲法上の御立場を自覚されると共に、憲法を超えた『すめらみこと』としての御立場から『責任』といふ御言葉を発せられた」といふことは十分に考へられる。これから日本を占領しようとする最高司令官の前で「戦争の全責任は自分にある」と申し出た天皇の果敢な意志は、両国の知日派と親英米派との裏工作を越えるものがある。

もちろん、これをマッカーサー自身の証言録に記憶違ひが多いことから、〝作り話〟と捉へる向きも根強い。だが、天皇が自らの責任を公にすることは、日本にとつても米国にとつても、政治的には決してプラスにはならない。なぜなら当時の連合国側の輿論を鑑みても、「天皇が責任を自認してゐるにも拘らず、なぜ処罰しないのだ」といふ揚げ足取りが想定できたからだ。その後、天皇が海外においても国内においても、自らの責任を公言されなかつたのは、さうした事情があつたからだらう。

## 朕ノ不徳ナル、深ク天下ニ愧ヅ～退位問題と謝罪詔書

冨永望氏の『昭和天皇退位論のゆくえ』（吉川弘文館、平成二十六年）に拠ると、昭和天皇の「生前譲位の可能性」があったのは、第二次世界大戦敗戦直後、東京裁判判決前後、講和条約発効前後、更には皇太子御成婚のときの四回あつたと考へられてゐる。そしてその退位問題は、

「戦争責任に端を発している」ことは改めて説明するまでもない。

しかしながら、実は天皇の退位論は、すでに日本の敗戦の遙か以前から取り沙汰されてゐた。例へば、平成二十八年の『正論』二月号に発表された渡邉みどり氏の「昭和史の謎『天皇退位工作』の証人酒井美意子さんのこと」に拠ると、硫黄島玉砕で日本の敗色濃くなつてゐた昭和二十年一月、近衛家の宝物を収蔵する陽明文庫で、近衛文麿が重臣たちとともに、昭和天皇の退位、出家について密かに話し合つたといふ密議について報告してゐる。密談の相手は、海軍出身の元首相・岡田啓介、海軍大臣・米内光政、そして皇室と御縁の深い仁和寺の門跡・岡本慈航の三名で、その内容は高松宮宣仁親王に進言されたといはれてゐる。もちろんその頃の近衛が、「戦争責任」と関連づけた「退位論」を唱へたはずがなく、万一日本の敗戦の際に、皇室の安泰を図るべく、「裕仁法王」として、御室の仁和寺にお迎へさせようといふ構想であつた。つまり、あくまで天皇をお守りするための「退位論」だつたといへる。

敗戦を経て、その一年後の昭和二十一年一月には、「宇多天皇の譲位の遺戒について」といつた御進講が内々であつたといふから、天皇の御決意も真剣であつたことが充分窺へる（高橋紘・鈴木邦彦『天皇家の密使たち』、升味準之輔『昭和天皇とその時代』）。

大東亜戦争敗戦当時、「天皇の戦争責任」について、共産党による「君主制打破」のみならず、穏健派たちによる「道徳的責任」論が存在した。敗戦から占領が明けるまでの七年間ほど、日本の皇室が危機に晒された時期はない。中でも〝退位論〟は、「天皇制の廃絶」を目論む革新のみならず、皇室の存続を望む保守派の間でも起こり、当時大きな論議を巻き起こした。昭和二十一年十二月十七日の皇室典範案審議で行はれた、東大総長の南原繁による道徳論的な天皇退位論もその代表といへる。

天皇が一回目に退位をほのめかされたとされる敗戦直後の際は、内大臣の木戸幸一から、退位を機に共和主義者たちの君主制廃止を勢ひづかせることを示唆されたといふ。続いて昭和二十三年十一月、〝A級戦犯〟とされた臣下たちが、絞首刑の判決を受けた日、天皇は執務室で目を赤くされたといふ。時の侍従長・三谷隆信は、「陛下のお気持ちが忍びがたい、お苦しいと思はれる方の道を選ばれるのがよろしいのではないでせうか」と答へたといふ。つまり退位よりも留位の方が、天皇の立場からすれば荊の道を歩む選択であつたのだ。その時の苦渋の決断を想定すれば、当時の巷間の「退位論」が如何に安易かといふことが理解できよう。昭和天皇が日本未曾有の危機にあつて、「逃げも隠れもしなかつた」といふ事実は、世界史上、君主として最も誠意ある責任遂行の道ではなかつたらうか。退位をほのめかし、自殺を選んだ近衛に対して、天皇が冷ややかだつたのもそのためだらう。

平成十五年に発見された「謝罪詔書草稿」は、まさにその辺りの事情の一端を物語つてゐる。発見者の加藤恭子氏によれば、この草稿は、当時の宮内府長官で『論語』の素養のあつた田島道治によつて起草されたものといふ。

屍ヲ戦場ニ暴シ、命ヲ職域ニ致シタルモノ算ナク、思フテ其人及其遺族ニ及ブ時寔《まこと》に忡《ちう》怛《だつ》ノ情禁スル能ハズ。戦場ヲ負ヒ戦災ヲ被リ或ハ身ヲ異域ニ留メラレ、産ヲ外地ニ失ヒタルモノ亦数フベカラズ、剰《あまつさ》ヘ一般産業ノ不振、諸価ノ昂騰、衣食住ノ窮迫等ニヨル億兆塗炭ノ困苦ハ誠ニ国家未曾有ノ災殃《さいおう》トイフベク、静ニ之ヲ念フ時憂心灼クガ如シ。朕ノ不徳ナル、深ク天下ニ愧ヅ（『昭和天皇「謝罪詔書草稿」の発見』）

一部を引用したが、その感情表現の激しさにおいては、終戦詔勅の「五内為ニ裂ク」を凌ぐ抑揚を感じさせるものがある。田島は当初積極的な退位論者であつたさうだが、天皇との直接の接触を重ねていくうちに、その為人に惹かれ、占領下の皇室存続に積極的に尽力したとされる。

加藤氏によれば、この草稿は昭和二十三年の秋から冬に書かれた可能性が高いとされる。しかし、昭和二十四年、宮内府は宮内庁となり、一時中断されてゐた巡幸も再開。結局詔書の発表の機会は得られず、最終的に田島は、昭和二十七年五月三日の「平和条約発効ならびに憲法施行五周年記念式典」における「おことば」にその一節を盛り込まうとする。しかし、「今さら陛下の謝罪はをかしい」といふ理由で、首相の吉田茂をはじめ、小泉信三や安倍能成らの反対に遭ひ、結局そこでの「おことば」も「戦争による無数の犠牲者に対し、あらためて深甚なる哀悼と同情の意を表します」といつた、当り障りのない表現に落ち着くことになつた。その是非はさておき、首相として日本の独立を実現させた吉田茂にしても、小泉、安倍らリベラリストたちによる占領下での皇室への尽力、信奉の念は並々ならぬものがあつたであらう。しかし何よりも忘れてはならないのは、当時天皇の責任問題が論議されながらも、皇室の存続を願つた、多くの一般国民の支持である。

昭和二十三年八月二十九日付の『芦田均日記』によると、田島が当時首相であつた芦田に「退位問題」について相談する記述があり、「自分は天皇が退位の意思なしと推察してゐる――然しそれは自己中心の考へ方といふのではなく、苦労をしても責任上日本の再建に寄与することが責任を尽す途だと考へてゐられる如く見える」との発言が見られる。また周囲の情勢として「a、退位によつて帝制の維持が容易になるとの見解は当たらない」「b、摂政となるべき適任者がないのみならず皇太子は余り若年である」「c、Scap［連合国最高司令官］が之を許すかどうか」といふ三点が挙げられてゐる。

東京裁判判決後の昭和二十三年十二月二十四日付の『朝日新聞』には、著名人による天皇の退位問題についての著書が話題になつた際、「国民を今日の災難に追込んだことは申訳なく思つている、退くことも責任を果す一つの方法と思うがむしろ留位して国民と慰めあい、励ましあつて日本再建のためつくすことが先祖に対し、国民に対し、またポツダム宣言の主旨にそう所以だと思う」といふ天皇の御言葉が紹介されてゐる。つまり「退位」ではなく〝留位〟といふ君主ならではの責任の道を選ばれたことになる。それはおそらく「退位」よりも遙かにおつらい道だつたのではあるまいか。天皇が戦禍を受けた国民はもちろん、皇祖皇宗といふ歴史的な責任とともに、ポツダム宣言といつた当面の国際情勢を踏まへ、多方面に目を配られた上で、覚悟を固められたことは注目に値する。

具体的に「留位」による責任遂行とはどんなものであつたか。周知の通り、戦後の日本国憲法公布とともに、天皇は「大元帥」から「象徴」の位置づけとなるが、その議論はさておき、事実上〝元首〟であり続けたとする見方は根強い。その中で、ただ天皇の地位に留まることが、そのまま責任遂行を意味することになるといふべきか。

その点について、小堀桂一郎氏の『昭和天皇論』（『今上天皇論』改題、日本教文社、昭和六十一年）での次の指摘は興味をそそる。

天皇が果たされた戦争責任は、戦争の収拾に成功されたといふところまでで本来は竭くされたはずである。……その責任達成の御努力は、戦争の跡始末の部分にまで及んだ。……戦後度重なる占領軍司令官との御会見、そして六年にわたる全国御巡幸の旅である。戦争の全責任を引受けられ、ついで戦後復興といふ事業にも進んで責任を負担されたことにより、今上天皇の戦前の二十年の御統治と戦後四十年の国民統合の象徴的御行動とは見事な一貫性・連続性を以て厳としてつながつてゐる。

史上稀に見る犠牲者を出した大戦を体験したにも拘らず、なぜ大部分の国民がその後の御巡幸の旅で天皇を歓迎し、また戦後復興への励みにすることができたか、見事に集約された評言といつていいだらう。これは〝君主〟としての御立場ならではの、責任遂行のあり方として、後世への鑑を示された実例といつていい。

もちろん戦後復興や高度成長の後も、戦争の傷が癒えることのなかつた国民や、御巡幸を果たしえなかつた沖縄県民の無念の想ひも、さう簡単に消えるものではなかつたに違ひない。はこのことについては、何よりも天皇御自身、最期まで御心を痛めてをられたに違ひない。はたしてあれだけの戦禍に見舞はれながらも、わづか数十年ですべての責任が清算され、敗戦といふ極めて重い事実から抜け出すことが可能であつたかどうか。当然さうした疑問も生じてくるであらう。

そのことに関して、井崎正敏氏は「天皇に戦争責任はある、しかし」（洋泉社新書『天皇の戦争責任・再考』二〇〇三年）の中で、「国民主権、憲法九条と日米安保によって天皇の戦争責任は購われた」といふ、興味深い〝逆説〟を導き出してゐる。これは戦後の出発点に関はる問題であり、今日まで続く保守・革新の戦後史観の対立軸の原点ともいへる難関でもある。

すなはち現在まで継続されてきた戦後体制が、「国体護持」と引き替へに戦勝国から与へられたものだとすれば、日本が戦勝国側からの「戦争放棄」を拒否して、民族滅亡を覚悟の上での徹底抗戦を実践できたかどうか。その際、従来通りの皇室の伝統がそのまま維持できたかどうか、保証の限りではない。もしかすると、「共和制による兵力保持」といつた、現在の体制とは真逆の日本が生まれたかもしれない。むろん、一旦共和制と化した国家が、再び君主制を取り戻すことは、〝非武装化〟から再び軍備を取り戻す道よりも、さらなる困難が強ひられた可能性がある。これは厳しく問ひ直されるべき難題でもある。

さう考へるなら、むしろ占領下が明けて後に、辛うじて残された「君主制」を土台に、その後の日本をどう切り拓いていくべきか。本来、敗戦後の日本に突きつけられたのは、かうした課題だつたのではないだらうか。

しかしながら、その後の日本は、戦勝国から与へられた「自由」と「民主主義」と「平和主義」を楯に、さらなる民主化を徹底化させようとさせたのが実態だつたといへよう。我々は今一度、四度もの〝退位〟の危機に見舞はれながらも、天皇があへて選ばれた〝留位〟の持つ重大な意味を顧みる必要がある。

# 第十章　新日本建設と昭和の中興

## 身はいかになるとも〜全国御巡幸と留位への道

爆撃にたふれゆく民の上をおもひいくさとめけり身はいかならむとも
身はいかになるともいくさとゞめけりたゞたふれゆく民をおもひて

終戦時に詠まれたとされる、昭和天皇御製四首のうちの二首である。鈴木正男著『昭和天皇のおほみうた─御製に仰ぐご生涯』に拠ると、これらの御製は昭和二十六年刊の『みやまきりしま』と、昭和四十九年刊の『あけぼの集』の二冊のいづれにも収録されてゐないといふ。例へば「身はいかに」の御製碑は、深川の富岡八幡宮境内に建てられたが、これらの御製が一般に知られる様になつたのは、侍従次長として側近にあつた木下道雄の『宮中見聞録』が昭和四十一年一月に新小説社から出版されて以降のことだつたといふ。終戦当時の天皇の御心境については、様々な証言が伝はつてゐるが、何よりも国民の身の上を案じられたこれらの御製に集約されるものだつたに違ひない。

敗戦後、「米よこせデモ」にも象徴される様に、戦後の混乱期、その怨恨の捌け口を皇室に求める声も存在したことも事実であらう。しかしながら、玉音放送に涙した大方の国民は、天皇が軍部の政治的支配の犠牲者であり、聖断によつて戦乱が収まつたといふ認識を抱いてゐた様である。

　長谷川三千子氏は『神やぶれたまはず　昭和二十年八月十五日正午』（中央公論新社、平成二十五年）の中で、「昭和二十年八月のある一瞬―ほんの一瞬―日本国民全員の命と天皇陛下の命とは、あひ並んでホロコーストのたきぎの上に横たはつてゐた」といふ。実際に「本土決戦」も「天皇の処刑」も実行されなかつたが、玉音放送で国民が敗戦を知つたあの一瞬、日本の歴史上かくも君民が一体化した瞬間があつたらうか。桶谷秀昭氏は『昭和精神史』（文藝春秋、平成四年）の中で、その「極東日本の自然民族が、非常な自然の壁に直面したかのやうな、言葉にならぬ、ある絶対的な瞬間」を、荘子の「斉物論」に出てくる言葉から「天籟」に擬へた。

富岡八幡宮境内の昭和天皇御製碑

　昭和二十三年（一九四八）の終戦の日の読売新聞の輿論調査によると、「天皇制存続」の支持率は九十パーセントを超え、廃止論を唱へる人々はわづか六パーセントにすぎなかつた。一般に「天皇」の名の下に戦はれた戦争とされてゐるが、マッカーサー宛に手紙で天皇の留位を懇願するなど、国民の天皇への尊崇の念は依然として高かつたことが理解できる。むろん一部、時局に便じて「天皇制廃止」を訴へる「市民」も存在したが、この様な発想自体国民の支持を得られるものではなかつたのは、戦後の共産党の動向が物語つてゐる（秦郁彦『昭和天皇五つの決断』他）。

さうした折に実施されたのが、昭和二十一年から数年にわたり（本土復帰の叶はなかつた沖縄を除いて）全国津々浦々に及んだ御巡幸にほかならない。これまで「現御神」として雲上にあつた存在が、背広姿で目の前で親しく語りかけてくる姿に、庶民は当惑しながらもこれまでの尊崇の念以上の親愛を感じたことは想像するまでもない。一部心ない集団が「革命歌と赤旗で歓迎」したと伝へられるが、大部分が雲上の「神」とは別の意味での〝威光〟に圧倒されたのではなかつたか。

巡幸にせよ、戦後の諸改革にせよ、背後に占領軍による指図があつたことは確かだが、それ以上に国民が戦後復興へと導かれたのは、天皇の存在の大きさが前提にあつたからにほかならない。これは「共和政体確立」では果し得ない一大事業といへる。

では、天皇は米国による政策に〝利用〟されただけなのだらうか。その意味でも、占領下の日本を評価するにあたつては、相澤宏明氏も『国体学への誘ひ』（展転社、平成二十四年）で述べられてゐる様に、「わが国の憂ふべき現状を、百パーセント戦後の占領政策のせいにすることは正鵠を射たことにならない」し、「占領体制の歪さは認めつつ、国体の一貫性をいかに保持すべきか」といつた〝複合的〟な視点も不可欠であるはずである。

「敗戦後の七年間にも及ぶ占領政策で日本人の精神がいかに根絶やしにされたか」といふ

現代史の検証は、今後も継続されていくべきであらうが、むしろこの七年の間の制限された環境にあつて、日本人が如何に矜恃を失ふことなく、歴史の連続性を守り抜くことができたか。それを汲み取ることも、決して無意味ではない。

確かに憲法にせよ「人間宣言」にせよ、日本政府が「国体護持」のために、占領軍へのあらゆる協力を惜しまなかつたのは事実である。しかし、これも英国留学時代から開明的なセンスを身につけ、生物学を専攻する科学者でもあり、リベラルな合理主義者でもあられた天皇の意志が共振したからこそ、可能であつたといへる。天皇が終始「君臨すれども統治せず」といつた英国流の立憲君主国を望まれ、戦前も戦後も憲法遵守を貫徹されたのは、敗戦から崩御直前の記者会見でも繰り返されてゐる。一方でその念頭には、明治天皇の時代に実施された維新事業の復興の意志があられたのではないか。

所謂「人間宣言」とされてしまつた昭和二十一年元旦の「新日本建設（国運振興）ニ関スル詔書」に「五箇条の御誓文」が盛り込まれたのはそのためであり、昭和天皇の本当の眼目は明治維新の「五箇条の御誓文」の問ひ直しにあつた。決して〝神〟から〝人間〟への移行を表明されたものではなく、事実上「皇基振興宣言」ともいふべき内容のものであつた。全国に及んだ行幸の復活にしても、寧ろ占領政策を逆手に、率先して「昭和維新」を断行するといふ、積極的な試みすら感じられる。

## 徹尾文明ヲ平和ニ求ムル～皇基振興の決意

昭和二十一年十一月九日、元滋賀県知事で侍従次長を務めた稲田周一が、昭和天皇御代参により近江神宮に参拝した折、当時の平田寛一宮司に陛下の次の御言葉をお伝へした。

この度の大東亜戦争はまことに遺憾の極みであるが、千三百年前の天智天皇の御時、唐・新羅の軍と白村江に戦つて大敗した歴史がある。天智天皇は直ちに兵を徹せられ、国内諸政の一新を企てられ、文化を振興、国力の充実を図られた事を模範として、諸政一新、文化経済を盛んにして永い将来に対処したいと念願してゐるから、一同も此の旨を体して失望することなく勇気を奮ひ越して大いに発奮努力して欲しい。（「近江神宮のご案内」）

この御言葉は、実にその年元旦に、玉音を以て発表された「新日本建設ニ関スル詔書」の内容と相通じるものである。冒頭に明治天皇の五箇条の御誓文を掲げられた後、昭和天皇は「舊來ノ陋習ヲ去リ、民意ヲ暢達シ、官民擧ゲテ平和主義ニ徹シ、教養豊カニ文化ヲ築キ、以テ民生ノ向上ヲ圖リ、新日本ヲ建設スベシ」と述べられ、敗戦後の混乱にあつた国民を大いに励まされたのである。

その次に「我國民ガ現在ノ試煉ニ直面シ、且徹頭徹尾文明ヲ平和ニ求ムルノ決意固ク、克ク其ノ結束ヲ全ウセバ、獨リ我國ノミナラズ全人類ノ爲ニ、輝カシキ前途ノ展開セラルルコトヲ疑ハズ」とある。これは、もしかすると天智天皇の近江朝での戦後復興をどこかで意識されたのではないだらうか。そして敗戦後の文化国家の建設といふ形で、それに倣ふといふことを踏まへられたものではないかと推定される。

さらにこの詔書には、非常に有名な一説ではあるが、「然レドモ朕ハ爾等國民ト共ニ在リ、常ニ利害ヲ同ジウシ休戚ヲ分タント欲ス。朕ト爾等國民トノ間ノ紐帯ハ、終始相互ノ信頼ト敬愛トニ依リテ結バレ、單ナル神話ト傳説トニ依リテ生ゼルモノニ非ズ」と述べられてゐる。この一節を以て、いはゆる〝人間宣言〟とされてしまってゐるのだが、注目すべきなのは、ここでは「單ナル」といふ部分否定の表現が施されてゐるといふことである。それよりもさらに深い結びつきが、日本の国において、国民と皇室の間で結ばれてゐるといふことが、改めて再確認されてゐるのである。

近江神宮楼門

大小都市ノ蒙リタル戰禍、罹災者ノ艱苦、産業ノ停頓、食糧ノ不足、失業者増加ノ趨勢等ハ眞ニ心ヲ痛マシムルモノアリ。然リト雖モ、我國民ガ現在ノ試煉ニ直面シ、且徹頭徹尾文明ヲ平和ニ求ムルノ決意固ク、克ク其ノ結束ヲ全ウセバ、獨リ我國ノミナラズ全人類ノ爲ニ、輝カシキ前途ノ展開セラルルコトヲ疑ハズ。

これらの一節には、本土爆撃により廃墟となつた都市の惨状とともに、罹災した国民や戦災に伴ふ諸産業の停滞、食糧問題、街に溢れる失業者への並々ならぬ御配慮が述べられてゐる。その上で、国民が一体となつて目の前の試練を克服し、徹底的に文明の発展と平和への希求に努めることが、日本のみならず、世界人類の前進に貢献されることが確信される。敗戦といふ未曾有の惨事を受け、廃墟の中路頭に迷ひ、目の前の仕事と日々の食糧にありつけるのがやつとの国民に、玉音といふ形ならではこそ、励まされた国民も多かつたに違ひあるまい。

さらに、「アラユル施策ト經營トニ萬全ノ方途ヲ講ズベシ。同時ニ朕ハ我國民ガ時艱ニ蹶起シ、當面ノ困苦克服ノ爲ニ、又産業及文運振興ノ爲ニ勇往センコトヲ希念ス」と述べられてゐる。国民それぞれの立場に応じて、この困難な戦後復興に努めてほしいといふ希望も述べられ、まさに〝新日本建設〟にふさはしい内容であることが理解できる。

昭和五十二年八月二十三日の那須の御用邸における記者会見では、なぜこの様な「新日本建設ニ関スル詔書」を出されたかといふ、当時の事情が、天皇親らの御言葉で述べられてゐる。つまりこの詔書において、冒頭に掲げられた五箇条の御誓文が一番の目的であつて、よく論議されがちな「神格」とかさういつた問題はあくまで二の次であつたことが明言されてゐるわけである。

敗戦直後の当時においては、米国その他の外国の勢力が強いこともあり、日本の国民がそれに圧倒されるといふ心配が強くあられたといふ。そして「民主主義を採用したのは明治天皇の思し召し」であり、決してそれが輸入の借り物ではないといふことが、改めて認識されてゐるのである。

ここでは、すでにわが国において、明治維新時に五箇条の御誓文が発せられ、それが基になつて大日本帝国憲法が発布されたことが、再確認されてゐる。天皇親らの御言葉で、「日本の国民が日本の誇りを忘れないように、ああいう立派な明治大帝のお考えがあったということを示すために、あれを発表すること」を希望されたといふのだ。これらの御発言からも、決してあの敗戦後の混乱時に、アメリカの圧力に対して屈したわけでないことが充分理解できるだらう。

さらに「国体というものが、日本の皇室は昔から国民の信頼によって万世一系を保っていた」といふことで、決してこのたびの敗戦によつて、国民と天皇との結びつきが衰へたわけではないといふことが、強調される。「皇室もまた、国民を『赤子』と考えられて、非常に国民を大事にされた」と述べられてゐるのである。俗によばれる「人間宣言」などといふ眼目などなかつたことは一目瞭然である。

戦後の諸改革は恰も米国主導の下、一方的に進められた感がある。しかし、私はむしろその様な外圧にも屈服することなく、誇り高き矜持を保ち続けた日本の姿を、この詔書の行間から読み解きたい。

「我國民ガ現在ノ試煉ニ直面シ、且徹頭徹尾文明ヲ平和ニ求ムルノ決意固ク」といふ一節からも、まさに昭和天皇の念頭には、白村江敗北後も屈することなく大化改新の精神を全うされた天智天皇の御姿があられたのではあるまいか。

## 大化改新から昭和の中興へ

先に述べた通り、敗戦といふ未曾有の危機にあつて、昭和天皇は天智天皇時代の白村江敗戦の故事を想ひ起こし、国民と一体となつて乗り越えられようとする覚悟を決められた。また同じ時期の『入江相政日記』にもある様に、「朝鮮半島に於ける敗戦の後国内体勢整備の為天智天皇は大化の改新を断行され、その際、思ひ切つた唐制の採用があつた。これを範として大いに努力してもらひたし」といふ御言葉を述べられたことからも、天智天皇の大化改新の精神に倣つて、当時のアメリカからの最先端の制度や技術を積極的に採り入れることで、復興をめざされたことが察せられるのである。

そこで想ひ出されるのが、昭和天皇の東宮時代に倫理学の御進講を担当した杉浦重剛の言葉である。杉浦は『倫理御進講草案』の東宮御学問所の第三学年第二学期で御進講した「第七　中大兄皇子」の中で、大化改新について、以下の様に評価してゐる。

古来我が国は封建制なりしを改めて郡県と為し、諸般の制度は支那唐朝のものを学びたるが、支那と我が国とは固より国風を殊にするあり。是を以て単に唐制の模倣にあらず、能く之を変化して我が国風に適合せしめられたり。是れ大化新政の大に光彩を発揮する所以なり。維新後我が国は、西洋の文物制度を学びたるが、之を日本の国情に適合せしむべきは、今後と雖も注意を要することなり。

すなはち昭和天皇が、天智天皇の大化改新を想起された時、杉浦のこの御進講が念頭にあられたのではないか。仮に「思ひ切つた唐制の採用」を、戦後の「米制の採用」に当てはめてみれば、どうなるだらうか。さしづめ「諸般の制度は英米のものを学びたるが、米国と我が国とは固より国風を殊にするあり。是を以て単に米制の模倣にあらず、能く之を変化して我が国風に適合せしめられたり」となるのではないだらうか。

もちろん敗戦復興の手段として、外国からの制度を導入することについては賛否もあらう。この点について、明星大学戦後教育史研究センターの勝岡寛次氏が、平成二十六年九月二十四日付の産経新聞「昭和天皇実録を読む」の中で、次の様な興味深い指摘をされてゐる。

こうして「唐制」ならぬ「米制」の採用に踏み切ったのだろうか。実録の占領下の記述には、その影響が色濃い。「米制」日本国憲法の制定、皇太子の家庭教師にクリスチャンの米国人女性を採用、皇居内で聖書の講義を両陛下おそろいで何度もお受けになったことなど。／だが、注意深く実録を読むと、皇室祭祀は占領下でも厳守されていたことが分かる。皇居内の「田植え」や「稲刈り」もだ。

これはまさに古来からの日本における「文明開化」の意義とも重なる問題であらう。白鳥庫吉が再三『國史』で示した通り、神功皇后の三韓征伐以降の応神天皇時代の百済文化の導入、隋の勃興期における仏教伝来、白村江敗戦後の本格的な律令制度の導入、そして十九世紀の帝国主義時代、列強からの脅威を防ぐために進展した「攘夷」論が、やがて「開国」論へと転換する幕末維新期……と、これまでわが国はむしろ「国体」をより強固なものにするために、積極的に「文明開化」を行つたといふ歴史がある。それらは本来、国土防衛のための「手段」でもあつた。

得てしてさうした「手段」が、時代を経るごとに「自己目的化」する経緯については、古代の天平文化、日露戦後の大正文化、戦後の「昭和元禄」に至るまで、しばしば繰り返されてきたことはいふまでもない。しかしながら、本来、敗戦後の「米制」の導入についても、敗戦といふどん底にあつて、日本を当時の冷戦下の国際情勢の中で立て直すための「手段」

に過ぎなかつたはずである。むしろこの七年の間の制限された環境にあつて、日本人が如何に矜恃を失ふことなく、歴史の連続性を守り抜くことができたかも汲み取ることも、決して無意味ではない。

古来、日本人はその信仰形態を神道を源流としつつ、仏教から儒教、西洋文明、さらには米国型の民主主義に至るまで、様々な思想、文化を柔軟に採り入れていつた。それでも民族に確固たる核があつたからこそであり、白鳥庫吉はそれを〝皇道〟と呼んでゐる。

大正十二、三年頃の執筆と推定される自筆未発表原稿「皇道に就いて」は、白鳥がその広範な世界宗教の知識から、日本における「皇道」の概念を、おそらく初めて提起した草稿となつてゐる。白鳥は「皇道」といふ言葉について、「皇国の臣民が奉ずる道であり教」であることを定義し、「儒教の本尊が孔天子であり、仏教の本尊が釈迦であり、耶蘇教の本尊が耶蘇基督」である様に、「皇道の本尊は天皇」であることが強調される。

**大津市の杉浦重剛旧宅に建つ胸像**

一般に日本が仏教も儒教も柔軟に受け容れてきたのは、多神教としての「神道」といふ概念で説明されることが多い。しかしそれでは、仏教伝来当時、蘇我氏と物部氏との間で闘はされた「崇仏論争」や、明治初めの「廃仏毀釈」も捉へきれない。むしろ白鳥のいふ様に、建国以来一貫した日本の「皇道」といふ教へだつたと説明した方が、余程すつきりするのではないだらうか。

国史に顕著なる如く、皇国に於いては如何に仏教が隆盛でありましても、如何に儒教が流行いたしましても、天皇は常に現神として尊崇せられましたのであります。……天皇は只管臣民の幸福を念とせられ、苟も此の目的に合する教は悉く摂取採用せられるのでありますから、其の旨趣を奉ずる皇道はその性質に於いて包容的であると共に統括的であります。皇国がこれまで東西両洋の文化を融合同化して、終に今日の隆盛を致したのは、偏に皇道の行はれた結果と謂はねばなりませぬ。（「皇道に就いて」）

あらゆる思想を受け容れてきた日本人の包容性とともに、国民の幸福を祈り続けてきた天皇の御姿勢。――大変シンプルではあるが、現在の日本文化論にも当てはめることができるものであることはもちろん、何よりも今尚皇室がかうした祈りを続けこられてゐる事実に、白鳥のいふ「皇道」がより説得力を増す様である。

皇太子時代の昭和天皇が、白鳥庫吉より御進講を授けられた『国史』の教科書では、大化改新を敢行された天智天皇について、「聡慧明敏にして果断あり」と鑽仰しつつ、「学を好みて深く支那の文物を愛し、学校を興して漢書を読み漢文を作ることを奨励し給ひしが、これ

**八王子市の昭和天皇武蔵野御陵**

実に国民の智能を開発して文化の進歩を計り給はんとの聖旨に出でしなり」と評価することで、むしろその〝開明的〟な政策を肯定的に打ち出してゐる。その上で、「蓋し天皇の政は厩戸皇子の事業を継承して更に之を拡充し給へるものなるが、これより後歴代の朝廷はみな其の遺旨を紹述したれば、天皇は実に帝国の国政に一新時期を劃し給へりといふべし」と位置づけ、天智天皇が聖徳太子の御遺志を引き継いだことで、「中宗」としてのお立場を確立された御治績が説かれてゐるのである。これはまさに「よきをとりあしきをすてて外国《とつくに》におとらぬ国となすよしもがな」と詠じられた明治天皇の御一新の精神を踏襲された、昭和天皇の御姿とも重なるものがある。

　昭和天皇が敗戦といふ未曾有の危機にあつて、あへて〝米制〟とともに、五箇条の御誓文を通じて、日本民族自身の言葉による〝民主主義〟を再定義したのも、わが国建国以来の一貫した〝皇道〟といふ確固たる背骨があり、白村江敗戦にあつても、積極的な律令制度導入によつて日本再生を志した、近江朝での天智天皇の先例があつたからである。まさに杉浦の講じた「維新後我が国は、西洋の文物制度を学びたるが、之を日本の国情に適合せしむべきは、今後と雖も注意を要することなり」といふ言葉は、今後も数々の国難とともに異国文化との対峙が予想される日本民族の半永久的な課題になるのではないだらうか。

第一章でも言及した通り、白鳥の『国史』では、「百済救援の失敗はやゝ国威を傷けしが如き観あるも、国民の生活は之がために何等の損害をも蒙らざりき」と明記されてゐる。これは七十年前の敗戦とは大きく異なるものの、米国の占領政策を逆手に、敗戦国の復興に当たられた昭和天皇の御尽力は、まさに「昭和の中興」と称せられるべき御偉業として顧みる必要があるのではないだらうか。

昭和天皇が香淳皇后とともに近江神宮を御親拝あそばされたのは、昭和五十年五月二十五日。敗戦より実に三十年の歳月を経た後であつた。その際、「湖畔の宿にて」と題し、詠じられたのが、次の御製である。

比良の山比叡の峯のみえてゐて琵琶の湖暮れゆかむとす

嘗て大津宮があつた湖畔の風景が、夕映え鮮やかに暮れゆく瞬間が目に浮ぶ。あたかも復興から高度成長に至るまでの、日本の歩みを見届けられた上での「国見歌」を偲ばせる。平成二年十一月、近江神宮御鎮座五十年祭にあたり、御即位の御大典を迎へられたばかりの天皇皇后両陛下は、次の御製を寄せられてゐる。

日の本の国の基を築かれしすめらみことの古思ふ
　　天皇陛下御製

学ぶみち都に鄙に開かれし帝にましぬ深くしのばゆ
　　皇后陛下御歌

白村江敗戦後、近江朝廷で敗戦復興に努められた〝中興の祖〟天智天皇の御遺徳は、大東亜戦争敗戦後の〝昭和の中興〟を経て、確かに今上陛下に受け継がれてゐる。

# むすび～国家千年の大計へ～

## 日本再建への道筋

白村江敗戦以来、天智天皇は当時の戦勝国である新羅から大胆に律令制度を導入されることによつて、敗戦国日本の再建に努められた。近江国大津に都を移され、律令制度を強化し、戸籍制度や軍制、近江令を定めるなど、様々な諸改革を断行された。あたかも大津京における天智天皇の諸改革は、日本人が初めて遭遇した世界大戦の敗戦といふ大打撃を乗り越え、大化改新の精神をさらに発展させるものであつた。

天智天皇崩御の後、不幸にも壬申の乱による皇位継承争ひが起き、わづか五年余りで大津宮は廃墟となり、都は再び飛鳥へと移り還ることになる。天智天皇の改革精神を引き継がれた大友皇子と、日本古来の伝統を重視された大海人皇子との間に政治的な確執があつたことも考へられるが、その後天武天皇として飛鳥浄御原京に即位された大海人皇子は、持統天皇とともに、現在に続く伊勢遷宮の制度を定められ、さらに『古事記』『日本書紀』『風土記』といつたこれまでの日本の歴史を整理し、編纂されたことは特筆に値する。つまり天智天皇・天武天皇の御兄弟が手掛けた律令国家による日本強靭化策は、持統天皇にも引き継がれ、この頃から「日本」の国号が定まり、「天皇」の呼称が始められ、現在に続く日本国家の原型が確立されたことになる。

一方、新たに飛鳥浄御原令を定められ、八色の姓や戸籍をさらに充実させるなど、天武天皇の諸改革は、天智天皇の律令制度を発展し、強化された形跡が窺へる。『萬葉集』で「大君は神にしませば……」と歌はれたのがこの時期であり、大宝律令の制定をはじめ、歴史書や宗教儀礼といつたまさに今日につながる様な国家的な式典も定められるのも、この白鳳時代である。

これをあへて今に置き換えれば、近江朝で天智天皇が推進された律令制度導入は、グローバリズムによる構造改革を駆使した日本再建といふことになる。急進的な制度改革は反動も生み、壬申の乱といふ路線対立を生み出した。さうした政治的混迷を経て、飛鳥浄御原朝での「日本を取り戻す」ための国土強靭化を断行されたのが天武天皇といふことになる。そこで今後の日本の指針について、三つの視点を提示したい。

## 国家十年の計

まづ十年単位を視野に置いた〝短期的視点〟「国家十年の計」である。

「第二の敗戦」とよばれた平成泡沫景気破綻以来、日本経済は「失はれた十年」から「失はれた二十年」へと停滞が続いた。構造改革、リーマンショック、政権交代を経て数々の経済政策が試行されたが、残念ながら現時点で有効な回復策は打ち出されてゐない。

昭和初期においても第一次大戦後の「空景気」破綻後、関東大震災を経て、世界的な経済恐慌に見舞はれ、深刻な不況を乗り越えるべく、数々の経済政策が模索された。左の共産主義から右の農本主義に至るまで、様々な「近代の超克」が試みられたのもこの時期である。しかし、現段階で資本主義に代替される経済機構に転換することは難しい以上、その範囲内中でまずはデフレ脱却とともに、格差の拡大を喰ひ止めるほかない。

例へば民政党の濱口雄幸内閣では、井上準之助蔵相の下、緊縮財政とともに、金解禁政策が執行されたが、世界規模での大恐慌の荒波を止めることはできなかつた。その後、政友会の高橋是清が蔵相となり、積極財政策で当座をしのぐことができた。

しかしながら、議会政治でできることはせいぜい「十年単位」の改革でしかないことを、選挙権を持つ国民も自覚しなければなるまい。歴史の真の意味づけが百年かかるといはれる様に、大東亜戦争の本当の意味での総括も、少なくともあと三十年はかかるだらう。

## 国家百年の計

そこで課題となるのが「国家百年の計」である。平成二十七年は「戦後七十年」と呼ばれ、さらに敗戦後の米国占領軍による日本国憲法制定より七十年を迎へるが、これは明治の大日本帝国憲法発布から新憲法公布までの六十七年を超えてしまつてゐる。現段階でこの日本国憲法が七十年近くの間、日本の社会構造を実効支配してしまつてゐる状況はより切実になつてゐる。むろん憲法さへ変はれば日本全体が変はるわけではあるまい。独立国家として必要最低限、自分の国は自分で守るといふ条件は乗り越えなければならない。それには様々な障壁が立ち阻んでゐる。

まづ国際的には、「旧敵国条項」といふ不名誉な負債が目の前を立ち塞いでゐる。サンフランシスコ講和条約後の日本の「国際復帰」が、実は「国際連合」といふ嘗ての連合国（United Nations）を意味する、戦勝者を中心に構築された舞台で行はれたこともあり、「東京裁判史観」は恰も日本の国際復帰の条件のための十字架として背負はされる様になつたのである。まさに植田幸生氏が『さらば戦後精神―藤田省三とその時代』（展転社、平成二十六年）で指摘した様に、「占領目的の総仕上げとして米国の利益に合致させることに主眼をおいた大日本帝国憲法の改正、一般国民の強化反省と連合国の復讐心を満たすために演出された東京裁判に至るまで、これだけ矢継早に名目上日本政府主導の下に改革が実施されれば、圧倒的多数の日本人は、空前の食糧難や住宅事情の悪化に喘ぎつつ、煙幕の中の舞台劇を観せられるように、あれよあれよという間にアメリカの占領目的が繰り出す怒濤の中に押し流された」といふ状況が、今日まで無意識のうちに継続されていつたといへるだらう。

同時に「表現の自由」「言論の自由」が、ＧＨＱによる検閲方針によつて保証されたことにより、日本側の言論機関の自主検閲が慣例化されていく。これについても植田氏のいふ様に、「本来ならばこの問題は、講和条約による独立回復直後に、日本人自身の手で解決の端緒を切り拓くべきであったにも拘らず、占領下の惰性と誤魔化しがそのまま擬制として成立してしまったために……社会全体の空気として今に至るまで蔓延したまま」といふ状況が、戦後七十年を超えて尚、益々切実化していく。それと同様に、占領明けの昭和二十七年には、戦犯として裁かれた殉難者たちの名誉回復とともに、大日本帝国憲法の奪還、もしくは自主憲法の再制定を行ふべきだつたといへるだらう。しかしながら、主権回復以前と以後で、独立に相応しい大きな改革を行はれることなく、人々は目の前の生活と、敗戦からの復興に手一杯だつたのではないだらうか。さらに長期の戦争と原爆といふ大量破壊兵器の発達が、国民の厭戦感情に火をつけ、〝平和憲法〟を受容しやすい状況を促したといへるかもしれない。

昭和三十年の保守合同により自民党政権が誕生し、改憲の道筋はつけたはずだが、同時に「五五年体制」下で、国内においても東西冷戦を模倣する状況が続き、「占領基本法」としての日本国憲法は、「冷戦基本法」とすり代つて、今日の言語空間をも支配してゐるのが現状である。現段階での即改憲は不可能だとしても、長期的には、今一度明治の大日本帝国憲法の精神を振り返りつつ、例へば里見岸雄の『憲法・典範改正案』の様な我が国の国体に根ざした改憲案を視野に、今日の情勢にいかに活かしていくかが、大きな課題とならう。

さらに話は大きく膨らむが、ここで私があへて提唱したいのが「国家千年の大計」である。「国家千年」とは何か。余りにも遠大すぎて、戸惑はれる読者もをられるだらう。もちろん、決して何か奇を衒ひたいわけではない。私なりの確信があつての問題提起である。

## 国家千年の大計

昭和三十年五月三十日、当時、自由党総裁だつた緒方竹虎の「修猷館創立七十周年記念講演」に、次の様な興味深い逸話が伝へられてゐる。

終戦の直後でありましたが、私が非常に懇意にしておりました米内光政という海軍大将、永い間海軍大臣をつとめていた、この米内君が、天皇陛下に拝謁をいたしまして、「こういう敗戦の結果と致しまして今後、度々拝謁をする機会も恐らくはないことと思います。随って今日は、ゆっくり陛下のお顔を拝みたいと思って参りました。このたびの敗戦には、われわれ、大きな責任を感ずるのでありまするが、敗戦の結果、日本の復興というものは、恐らく五十年はかかりましょう。何とも申し訳ないことでありますが、何卒、御諒承をお願い致します」

ということを申上げた。ところが陛下は、

「五十年で日本再建ということは私は困難であると思う。恐らく三百年はかかるであろう」

ということを仰せられたということで、米内は、そのお言葉に胸を打たれて暫くは頭が上らなかった。……私は三百年もかかつては、世の中がまるで再建の標準が二廻りも三廻りも変つて、それでは日本の再建がとうとうできないと考えまするが、何れと致しましても、この日本の再建という仕事は、なかなか容易な仕事ではありません。（山地政美『緒方竹虎総裁・平泉澄博士の遺言』歴史に学ぶ会叢書六）

さて、昭和天皇は「日本復興までには三百年かかる」と仰せになつた。これは一体何を意味するのか。つまりこれは、白村江敗戦から三百年を経て、日本はどの様に「復興」していつたのか、といふことである。

白村江から三百年といへば、元号でいふと応和年間にあたる。応和年間といへば村上天皇の御治世。すなはち、後年朝廷にとつての理想政治とされた「延喜天暦の治」のただ中にある。平成二十七年に亡くなつた評論家の井尻千男の遺著となつた『歴史にとって美とは何か宿命に殉じた者たち』（啓文社書房、平成二十八年）の第一部「醍醐帝とその時代」には、大変興味深い逸話が紹介されてゐる。福岡の筥崎宮の楼門に掲げられた「敵國降伏」の額は、鎌倉時代、元寇といふ未曾有の国難に遭つて、亀山上皇が勅願された御宸翰として知られてゐる。ところが、この「敵國降伏」といふ言葉を最初に勅願されたのは、この延喜天暦の治にあたられた醍醐天皇だつたといふのだ。

醍醐天皇の治世の平安時代といへば、これは蒙古襲来よりも遙か三百数十年前にあたる。これはどう理解すべきか。そこで井尻は、醍醐天皇よりさらに三百年近く前の「白村江の戦」

を想起する。これと鎌倉時代の元寇が、どうつながるのか。

醍醐天皇は、白村江の戦いという故事を回顧しつつ、これからもありうる半島や大陸との緊張関係を想像しつつ「敵國降伏」といふ宸筆を筥崎宮に下賜されたのではないか。その予感が三百数十年後に蒙古襲来（元寇）というかたちで現実のものになった。醍醐帝の不安、最悪の予感が的中してしまったといえる。

あまりにも驚愕的な符合に、これを読んだ当初、私自身、自分の頭の中を整理しきれずにゐたが、「白村江の戦→醍醐天皇の勅願→蒙古襲来」といふ流れに、さらに後醍醐天皇の建武の中興といふ出来事を付け加へれば、思ひがけない点と線とが結びつきはじめる。

「敵国降伏」の扁額が掲げられた筥崎宮

周知の通り、後鳥羽上皇による承久の御計画以来、鎌倉北條幕府の権勢は京の朝廷をも凌ぐ事態となる。文永・弘安の二回にわたる蒙古の襲来では、幕府が朝廷の領地からも兵を徴集することで、さらに実権を握つていつた時代でもある。当時地球を半周するほどのユーラシア一帯を支配するモンゴル帝国は、歴史上世界最大の帝国であつた。その帝国の野望は遠く東方の日本列島にまで及んだ。幸ひ鎌倉武士の奮戦もあつてか、奇跡的に敵兵の侵入を水際で喰ひ止めることができた。

しかし、何よりもここで注目されるのが、〝神風〟と呼ばれた台風の存在である。これはもちろん、気象学的には単なる偶然に過ぎないのだが、そのことによつて、国民の〝神国思想〟への目覚めが開始された意義は決して小さくはない。神国思想への覚醒は、同時に国民に鎌倉の将軍以上の尊い存在を再発見されることになつたからだ。

因みに大正九年四月七日、皇太子時代の昭和天皇は、福岡市東公園にある亀山上皇銅像、日蓮銅像を御覧になつてゐる。さらに当時官幣大社だつた筥崎宮御親拝の際、社殿で醍醐天皇による「敵国降伏」の宸翰等を御覧になつてゐる。

元寇は幕府政権の全国支配と同時に、その疲労をもたらせた。財政悪化は深刻化し、執権政治は頽廃を極め、皮肉にも今度は幕府衰退を加速化される結果となつた。

対外的な危機が国内政治の凋落とともに、国をまとめる中心的な存在を希求する。その流れは、黒船来港以降の徳川幕府衰退にも共通していへることである。

元寇より約四十年､京の朝廷で画期的な出来事が開始する。後醍醐天皇による親政である。亀山上皇の直孫にあたられる後醍醐天皇は、まさに元寇後の国内外の衰退化にあつて、期待されるべくして登場した御存在であつた。

そして鎌倉幕府は崩壊。改めて申すまでも無く、幕府打倒後、後醍醐天皇が建武の中興を実施されるにあたつて理念とされたのも、この醍醐天皇の治世たる延喜天暦の時代であつた。その天皇親政への道のりは、すでに宇多天皇の治世、菅原道真による「遣唐使廃止」によつて敷かれてゐたといへる。そのことについて井尻は前掲書の中で、「宇多帝の『遣唐使廃止』と醍醐帝の勅による『古今和歌集』は、外政と内政の違いはあるが美事につながっている。国策としては表裏一体とも言うべきことである。そして政治における『親政』は当然、国語と国字の重視、そのよりいっそうの復興となる」と述べてゐる。

本書でも辿つてきた様に、白村江の敗戦は、日本における本格的な律令制度の導入、すなはち国土防衛のためにも、徹底的な〝唐化〟が進められた時代であつた。それから遣唐使廃止に至るまで、実に三百年以上の歳月を要してゐるのだ。すなはち昭和天皇が仰せになつた「三百年」といふ日本再建までの道のりは、敗戦によつて〝米化〟を余儀なくされた我が国が、漸く自立的な〝国風文化〟を築き上げるための、遠大な歳月ではなかつたらうか。

龜井勝一郎の晩年の畢竟の大作となつた『日本人の精神史研究』第二部の序では、日本人の精神の原型として指摘された、古代における「流離型思考」が、唐の漢字文化に接することで、「ひらがな」を生みだした経緯を辿つてゐる。この消化過程を、龜井は「草化現象」と名付けるのである。これは単に書物からの研究で得た考察ではあるまい。執筆当時における中国旅行での見聞が大いに役に立つてゐるのだ。中国の建築物や工藝品を直接目にすることで、龜井は、古代日本人が初めて大陸の新文化に接した時の驚きと感動を現代に再現させようとしてゐるのである。

異質の文化に直面して、激しく対決するのではなく、際立つた対話もない。まづ適応しながら、その過程で、自然現象のやうに対象を変化させてゆく。つまり柔く「崩し」てゆくわけだ。受動的だが、この姿勢の由来するところは、かなり深いやうである。

何気ない一文だが、龜井が見出した「草化現象」とは、まさに古代における「文明開化」の壮大な可能性といふことではないか。すなはち日本人が漢字を受容してから、独自の文化である「ひらがな」を発明するまで、実に六百年もの歳月を有してゐる。そこに龜井は、日本におけるもう一つの〝近代化〟の可能性を見出してゐるわけだが、それと同様に唐からの律令制度導入から内的に自立するためには、最低でも数百年の歳月を必要としたのではないか。遣唐使廃止から延喜天暦の治、『古今和歌集』編纂に至るまでの国風文化の発生は、まさに白村江敗戦から三百年以上経て、漸く日本が自立的な文化を確立させるまでの年月である。

高森明勅氏も『この国の生いたち』（ＰＨＰ研究所、一九九九年）の中で、日本の「自立化のベクトル」を見ていく上で、この十世紀といふ時期に注目してゐる。この時期、日本は遣唐使廃止後、『古今和歌集』撰上に始まり、平仮名が定着。「七世紀の政治的自立につづく文化

**桓武天皇をお祀りした平安神宮**

的自立化の時代」に光を当ててゐる。しかもこの十世紀初頭の段階で、唐や統一新羅、渤海といつた日本以外の古代国家が、悉く潰れていつてゐるといふ指摘も見逃せない。遡れば推古天皇の遣隋使の時代から「天皇」の呼称が始まり、「大化」以来自前の年号を使ひ続け、さらに大宝元年の遣唐使以前から、天武天皇時代の遣新羅使で「日本」の国号が使用されたことを念頭に置けば、白村江の戦で敗れたとはいへ、日本の文化的自立は十世紀以前から着実に進められていつたといへよう。因みに高森氏は、明治の日清戦争の勝利が、白村江の敗戦以来のアジアにおける国際秩序の変革であることにも着目されてゐる。この「古代からずっと続いてきた東アジアにおける国際秩序にとって決定的なインパクトだった」といふ視点は、明治以降の近代化に留まらず、古代から我が国の祖先がめざしてきた大陸からの自立過程を展望する上でも興味深い。

さて、その十世紀の延喜・天暦の治を遡ること約二百年前、〝平安奠都〟を進められたのが、天智天皇の曾孫にあたられる桓武天皇である。

壬申の乱において、天智天皇系の大友皇子側の近江方が敗られて以来、奈良時代の歴史は主に吉野方の天武天皇の系列によつて皇統が継承された。「奈良七代七十年」といふ言葉がある様に、「元明・元正・聖武・孝謙・淳仁・称徳」までの六代までは天武天皇の皇統が続いたものの、称徳天皇以降の後継が途絶え、代つて即位されたのが天智天皇の孫にあたられる白壁王、後の光仁天皇である。

桓武天皇はその天智天皇系の光仁天皇から皇統を継がれ、平安遷都の後、その後千年以上続く京の都の礎を築かれた。百人一首で天智天皇御製が第一首に掲げられ、天智天皇が「中興の祖」と仰がれたのも、平安王朝から現在へ続く皇統の祖として特別な地位にあつたためである。明治維新の東京遷都の後、日本の首都は東京として定められるが、現代でも京都御所が置かれ、文化伝統の都としての京都の位置付けは決して終つたわけではない。

実に神武天皇の建国から大化改新まで千三百年。そして、さらに近江神宮が創建された昭和十五年の紀元二千六百年式典まで千三百年。まさに神武紀元と紀元二千六百年の折り返し地点にあるのが、大化改新にあたる。まぎれもなく昭和天皇にとつて、天智天皇こそが〝中興の祖〟に相応しい存在になるのではないか。

平成二十年のリーマンショックの際、「百年一度の経済危機」が叫ばれ、さらにその三年後の東日本大震災では「千年一度の巨大地震」と呼ばれた。後醍醐天皇の建武の中興から明治維新まで五百三十年もの歳月を要した歴史を顧みても、「国家千年の大計」は決して全く非現実的な構想とはいへないのである。

「戦後七十年」を越えた現在だが、白村江敗戦から七十年は、平城京を中心とした天平文化が華開いた時代である。しかしながら一方で皇族と藤原氏との政治的抗争が絶えず、仏教勢力が腐敗し、流行病や度重なる遷都によって民衆が苦しんだ時代でもある。

さうした中、白村江敗戦より約八十年を経て、聖武天皇は全国に国分寺・国分尼寺を配置され、平城京の外京に置かれた東大寺では、国力を結集して、当時最大級の大仏を建立された。天平時代、依然として大陸からの文化移入もままならない中、鎮護国家による日本再建に努められたのである。それから平安遷都までには、四十年。日本独自の国風文化を確立させるためには、さらに二百五十年もの歳月を必要とした。

東大寺の毘盧遮那仏

そして現代。戦後七十年を経て、これから数年後に都内で開催される国際的なスポーツ競技は、嘗ての天平時代における大仏開眼儀式を超える、世界的な文化イベントたりうるだらうか。

三百年の復興の道のりは、まだまだ緒に就いたばかりである。今から三十年後の「戦後百年」までに、新たなる「千年紀」への一歩が踏み出せるや否や。それは「今、ここ」を生きる、現在の我々自身の手に委ねられてゐる。

# あとがき

古代と近代、それぞれの時代における〝中興の祖〟ともいふべき名君の祖国を辿ることで、千三百年もの敗戦復興史を俯瞰する。思へばこれほど壮大で、かつ書き手の身の丈を遙かに超えた歴史を描くといふ大それた試みに、我ながら無謀な挑戦をしたものと呆れるほかない。

本書はこれまでの古代史や現代史に、特に新奇な視点を提供するものではない。天智天皇の時代と白村江にまつはる研究書はこれまでたくさん出されてゐるし、近年の『昭和天皇実録』の刊行により、現代における皇室の歴史の実像もさらなる解明が進むであらう。

序説でも述べた様に、古代史における白村江での敗戦を、昭和史における大東亜戦争敗戦と重ねる視点についても、これまで他の研究書でもくり返し論じられてゐる。その意味でも本書のテーマは、一見遠大なものでありながらも、実は突飛でもなければ、それといつて目新しい主題でもないといふ見方もできる。

私自身は歴史の専門家ではなく、大学時代から昭和の日本浪曼派周縁の文学者を研究してきた。むしろ直接の研究対象となつた龜井勝一郎や、大学時代から師と仰いできた桶谷秀昭先生の〝精神史〟の手法が、本書を執筆する上での大きな足がかりとなつたといへる。古典と現代との接点といふ点では、本書のモチイフに近いかも知れないが、それでも門外漢が生半可な気持ちで手を出すテーマではあるまい。個人的には、歴史書といふよりは、文藝批評の一作品として受け止めて頂ければこれ幸ひと思つてゐる。

純粋に物書きだけの収入で暮らしてゐる人でもない限り、大部分の人たちが同じ悩みを抱へてゐるかもしれないが、一日の大半を飯を食べるための生業に追はれる中、限られた時間を見つけて、一冊の書物を書き上げるのは決してたやすいことではない。そのことを今回痛切に感じた。

仕事帰りに区内の図書館を自転車でめぐり、文献を渉猟しては、必要箇所をコピーし、目に留まつた所を付箋を貼つては、メモに書き込み、帰宅後は、夕食、入浴を済ませたら、毎朝五時前に起きて、外出までの数時間、読書と執筆にあてるといふ計画を立てるが、実際はさう順調に事は運ばない。

帰宅後にパソコンに向かふまではいい。しかし、どこから筆を起こしていいのかわからず、思案してゐるうちに、いつのまにかキーボードの前にうつ伏せとなり、気がついたら、夜が明けたり……と、何度も自己嫌悪に陥りながら、瞬く間に日が過ぎていくことが多かつた。それでも暇を見つけて、金を貯めては史跡巡りに乗り出し、飛鳥や近江、山科、大宰府周辺といつた天智天皇ゆかりの地を散策したことが、本書執筆にあたつて、書物だけでは得られない視点を獲得できたと思ふ。

中でも一昨年前に高速バスで日帰りで再訪した大津への旅は、周遊券を使つて、たつた一日ながらも、石山寺や義仲寺、三井寺のほか、近江神宮をはじめ、大津宮跡、天智天皇陵、弘文天皇陵をじつくり巡拝する機会を得、近江朝時代への関心を再び深めるよいきつかけになつた。

本書の出発点となつたのは、平成二十年に不二歌道会が主催する機関誌『不二』に発表した「近江神宮と昭和の中興」である。それから八年を経た平成二十八年、同誌で「『さざなみの都』考―天智天皇と近江遷都」の連載の機会を頂き、それらは本書の第二章から第八章に活かされてゐる。拙文掲載を快く引き受けて下さつた、不二歌道会代表・福永武さんに改めて感謝申し上げたい。

昭和天皇については、平成十八年に『昧爽』といふ同人誌で「天皇・皇室」特集が組まれた際、執筆した「昭和天皇の敗戦―未曾有の惨禍を乗り越え、果たされた責務とは」が土台となつてゐる。既に十年もの前の論考だが、当時は「富田メモ」の報道や皇位継承問題が活発に論じられた時期である。今日、宮内庁の『昭和天皇実録』の刊行で益々研究は深められてゐるだらうが、基本認識においては大きな変化はないと考へてゐる。

平成二十四年から、千早鍛錬会に参加したのを機に、平泉澄博士の門下生たちが集まる日本学協会の皆様とも御縁をもつことができた。その後、同会と縁の深い水戸史学会に入会。また、日本学協会の藝林会では、毎年各テーマのゆかりの地で学会発表とシンポジウムが開催されており、「古事記千三百年」と呼ばれた平成二十四年九月には、松坂で本居宣長をテーマにした研究大会があつた。そこで金子宗徳さんと出会つたことが、日本国体学会との御縁のきつかけでもあつた。

国体学会では年に四回、都内で国体文化講演会が開催されてをり、私の様な無名の者に登壇の機会を与へて下さつたのも、偏に金子さんをはじめ、日本国体学会の皆様の御蔭である。平成二十七年九月四日に開催された講演会当日には、ともに『味爽』といふ同人誌の編集を手がけた中村一仁さんほか、知友も駆けつけてくれて、心強く感じた。何よりも恩師の桶谷秀昭先生、『月刊日本』の坪内隆彦編集長にも、ご多用な中、わざわざ御足労頂いたことも有難かつた。その模様は「天智天皇と戦後復興―白村江敗戦から近江遷都へ―」と題し、同年『国体文化』十二月号にご掲載頂いた。当日までの段取りや雑誌への寄稿にあたり、山本和幸君をはじめ、編集部の皆様のお手を煩はせた。

同誌には、平成二十八年から「白鳥庫吉の『アジア』と『国体』」と題する連載の機会を頂いた。白鳥は昭和天皇の東宮御学問所時代の歴史の教師であり、天皇に白村江の戦の存在を知らしめたといふ意味でも、本書の核となる人物である。ただ、この白鳥論については予想以上の長文となつたこともあり、別の機会にまとめる必要を感じてゐる。その他、本書の構想を進めるにあたつて、壬申の乱や二・二六事件など、新たな課題もできた。

本書は、この国体文化講演会にも出席された、展転社の相澤宏明会長にお声がけ頂いたことで、出版へと結実される運びになつた。自分にとつては全く思ひも寄らないお話であつた。現在、出版不況と呼ばれる厳しい状況の中でのこの様な形での公刊は、大変有難い話でもあつた。展転社の藤本隆之社長とは、以前から同人誌などを通じて親しくさせていただいた。いづれは展転社から何らかの形での上梓を希望してゐた矢先でもあつた。編集長の荒岩宏奨さんとも以前から民族運動の催しなどで交流を得てゐた。今回の刊行にあたつては、遅筆でかつ出版界の常識の疎い自分に多大な助力を賜り、大変ご負担頂いた。重ねて御礼申し上げる次第である。

そのほか、校正にあたつては小野耕資君、渡辺剛君の助力を得た。御助言いただいた日本文化大学の堀井純二先生、近江神宮の皆様にも謹んで感謝申し上げたい。

奇しくも平成二十九年は天智天皇の近江遷都より丁度千三百五十年の年にあたる。本書が現代の「戦後七十年」から古代の「戦後千三百五十年」へのささやかな橋渡しの役割となり、二千七百年近くにも及ぶ我が国の歩みを振り返るきつかけとなれば幸ひである。

平成丙申裁　明治節を前に

## 山本直人（やまもと　なほと）

昭和48年生まれ。東洋大学大学院文学研究科国文学専攻博士後期課程修了。東洋大学東洋学研究所客員研究員、国際日本文化研究センター共同研究員を経て、現在、東洋大学非常勤講師。文藝同人誌『昧爽』主宰。水戸史学会会員他。専攻は近代批評文学、日本思想史。 主要論文に「龜井勝一郎『日本人の精神史研究』への軌跡」（『東洋学研究』第47号）ほか。

# 敗戦復興の千年史
## 天智天皇と昭和天皇

平成二十九年二月二十三日　第一刷発行

著　者　山本　直人
発行人　藤本　隆之
発　行　展　転　社

〒157-0061 東京都世田谷区北烏山4-20-10
TEL　〇三（五三一四）九四七〇
FAX　〇三（五三一四）九四八〇
振替〇〇一四〇―六―七九九九二
印刷　中央精版印刷



ISBN978-4-88656-433-7

# てんでんBOOKS
[表示価格は本体価格（税抜）です]

## GHQが恐れた崎門学
坪内隆彦
●日本を再び立ち上がらせる最強の國體思想の封印を解く。志士たちが必読した書を手がかりにわが国本来の姿に迫る。
1500円

## 御歴代天皇の詔勅謹解
杉本延博
●大和で生まれ育つた著者が、みことのりの再興を世に提起し、御歴代天皇の詔勅を謹解する。
1500円

## 国風のみやび
荒岩宏奨
●日本は天皇が知ろしめす国であり、神々と天皇が祭祀、文学、美術、音楽の淵源となつてゐるみやびな国風である。
1500円

## さらば戦後精神
植田幸生
●戦後体制とは巨大なマジックミラーの時代。内側ではアメリカが牛耳をとり外側の日本人は明き盲に過ぎなかった。
1500円

## 国体学への誘ひ
相澤宏明
●国体を再認識し王道実践、三綱実践することで、山積する戦後日本の諸問題の解決への道が開ける。
1500円

## 皇室を戴く社会主義
梅澤昇平
●天皇制廃止を主張する勢力とは異なる流れを追い、伝統と革新の共存と合体を模索。「天皇制社会主義」の可能性と教訓。
1300円

## ふるさとなる大和
保田與重郎
●武勇と詩歌に優れた国のはじめの偉大な先人たちを活き活きと描き出す上古日本の歴史物語。
1500円

## 甦れ日出づる国
欅田弘一
●日本を甦らせるために、本居宣長、保田與重郎の示した「古道」「古学」を基軸に歴史認識を見直す。
2500円